A Units Story for Children

From the moment we are born, we encounter units.

"A baby is 28 centimeters tall and weighs 3 kilograms."

Units share your life from birth to death. Our day is structured down to hours, minutes, and seconds. We have to wear different clothes depending on the temperature.

In the past, units were different from country to country. However, as the world became more globalized, experts from all over the world worked and agreed upon the metric system.

Most of the world uses the metric system of measurement. For example, most countries measure distance in meters and kilometers. To measure the mass and volume of something, we use kilograms(kg), milligrams(mg), grams(g), liters(L) etc.

Units are a common language that everyone in the world can enjoy. The convenience and practicality of using one common language cannot be ignored in today's global society. To know units is like knowing a universal language.

This book explains everything about units. What is a unit? What kinds of units are used? Units are made from all the wisdom of the world. Come discover the wonders of units.

In the Text

1. *If we know units, our lives will be even more comfortable*
2. *What is standard unit?*
3. *A unit of length*
4. *A unit of area and volume*
5. *A unit of weight and mass*
6. *A unit of time and speed*
7. *A unit in life; temperature, energy etc.*

이리 보고 저리 재는
단위 이야기

풀과바람 지식나무 31
이리 보고 저리 재는 단위 이야기
A Units Story for Children

1판 1쇄 | 2016년 10월 19일
1판 4쇄 | 2019년 5월 24일

글 | 김은의
그림 | 노기동

펴낸이 | 박현진
펴낸곳 | (주)풀과바람
주소 | 경기도 파주시 회동길 329(서패동, 파주출판도시)
전화 | 031) 955-9655~6
팩스 | 031) 955-9657
출판등록 | 2000년 4월 24일 제20-328호
홈페이지 | www.grassandwind.com
이메일 | grassandwind@hanmail.net

편집 | 이영란
디자인 | 박기준
마케팅 | 이승민

ⓒ글 김은의, 그림 노기동, 2016

이 책의 출판권은 (주)풀과바람에 있습니다.
저작권법에 의해 보호를 받는 저작물이므로 무단 전재와 복제를 금합니다.

값 11,000원
ISBN 978-89-8389-679-7 73410

※잘못 만들어진 책은 구입처에서 바꾸어 드립니다.

이 도서의 국립중앙도서관 출판예정도서목록(CIP)은 서지정보유통지원시스템 홈페이지(seoji.nl.go.kr)와 국가자료공동목록시스템(www.nl.go.kr/kolisnet)에서 이용하실 수 있습니다. (CIP제어번호 : CIP2016021480)

제품명 이리 보고 저리 재는 단위 이야기 | **제조자명** (주)풀과바람 | **제조국명** 대한민국	⚠ **주의**
전화번호 031)955-9655~6 | **주소** 경기도 파주시 회동길 329	어린이가 책 모서리에
제조년월 2019년 5월 24일 | **사용 연령** 8세 이상	다치지 않게 주의하세요.
KC마크는 이 제품이 공통안전기준에 적합하였음을 의미합니다.	

이리 보고 저리 재는
단위 이야기

김은의 · 글 | 노기동 · 그림

풀과바람

머리글

우리는 태어나는 순간부터 단위와 만나요.

"키 28cm, 몸무게 3kg입니다."

길이의 단위 센티미터(cm)와 질량의 단위 킬로그램(kg)을 만난 거지요.

이렇게 태어나는 순간부터 만나게 되는 단위는 생활 속에서 우리와 늘 함께해요.

"지금 시각은 3시 26분 17초입니다."

"오늘 낮 최고 기온은 27도입니다."

시간의 단위 '시, 분, 초'를 알고, 온도의 단위 '도(℃)'를 알아 그것에 맞게 생활하는 거지요.

그런데 이 단위를 몰라서 잘못 사용하면 어떤 일이 벌어질까요?

얼마 전에 우리나라에서는 중국에서 들어온 체중계 판매를 금지했어요. 그 이유는 법정 단위인 그램(g)과 킬로그램이 아닌 '근'과 '파운드'가 표시되었기 때문이에요.

가령 이런 일이 일어날 수 있지요.

"내 몸무게는 100근이야."

100근? 여러분은 100근이 얼마큼인지 아나요? 근이라는 단위를 모르면 그 무게를 가늠할 수 없어요.

옛날 무게의 단위인 근은 지역과 나라에 따라 뜻하는 무게가 달라요. 우리나라에서는 보통 1근이 600g인데, 중국에서는 500g이에요. 그러니까 몸무게 100근은 우리나라에서는 60kg이고, 중국에서는 50kg인 거죠. 똑같은 몸무게를 두고 이런 차이가 생기는 것은 근이라는 단위 때문이에요.

세계가 하나로 연결되지 않았던 옛날에는 한 나라 안에서만 단위를 통일했어요. 하지만 세계가 하나로 연결된 오늘날은 세계 어디에서나 공통으로 사용하는 단위가 정해졌답니다.

길이의 단위 센티미터나 질량의 단위 킬로그램, 부피의 단위 리터(L)는 세계인이 함께 쓰고 있어요. 그러니까 단위를 안다는 것은 곧 세계 공통 언어를 아는 것이에요. 그래서 단위를 알면 우리가 사는 이 세상을 이해하는 데 큰 도움이 된답니다.

이 책에는 우리가 반드시 알아야 할 단위의 모든 것을 담았어요. 단위가 무엇인지, 단위의 표준은 어떻게 정해졌는지, 단위에는 어떤 종류가 있는지, 우리가 알고 사용해야 할 단위는 무엇이고, 사용하지 않아야 할 단위는 무엇인지, 단위를 알면 편리한 점은 무엇이고, 모르면 어떤 불편을 겪을 수 있는지······.

인류의 모든 지혜가 한데 모여 만들어진 단위, 그 심오하고도 재미있는 세계로 여러분을 초대합니다.

김은의

차례

1. 단위를 알면 생활이 편리해요
단위와 함께 산다고? · 8
단위의 유래 · 13
우리나라 도량형 · 22

2. 단위의 표준은 어떻게 정해졌을까?
단위의 기준은 자연! · 28
오늘날, 우리가 쓰고 있는 단위계 · 36
단위를 잘못 사용하여 생긴 일 · 40
옛날에 사용한 우리나라 단위 · 44

3. 길이의 단위
길이의 단위, 미터 · 48
미터 이전에는 어떤 단위를 썼을까? · 52
길이를 재는 도구 · 54

4. 넓이와 부피의 단위
넓이의 단위 · 56
부피의 단위 · 60   부피를 재는 도구 · 65

5 무게와 질량의 단위
무게와 질량 · 70
무게를 다는 기구, 저울 · 78
재미있는 저울 이야기 · 86

6 시간과 속도의 단위
시간과 시간의 단위 · 92
여러 시간과 시계 · 94
각도와 각도의 단위 · 100
속도와 속도의 단위 · 104

7 온도, 에너지 등 생활 속 단위
온도와 습도의 단위 · 108
전기 · 빛 · 소리 단위 · 114
생활 속 단위 · 118
계량의 노래 · 124

* 단위 관련 상식 퀴즈 · 126
* 단위 관련 단어 풀이 · 128

1 단위를 알면 생활이 편리해요

단위와 함께 산다고?

단위가 무슨 뜻인지 정확히 몰라도 우리는 단위와 함께 살고 있어요.

"몇 시지?" 하루에도 몇 번씩 시계를 보고, "작년보다 2센티미터 더 컸어." 자로 키를 재기도 해요.

"돼지고기 500그램 주세요."

고기나 과일, 채소 등을 살 때는 저울에 무게를 달아 그 값을 계산하지요.

이처럼 시각을 알려 주는 '시', 길이를 나타내는 '센티미터(cm)', 무게를 알려 주는 '그램(g)' 등이 단위예요. 단위는 시간이나 길이, 무게, 부피 등을 정확한 수치로 표현하는 데 꼭 필요해요. 단위가 없으면 그 '양'이 얼마큼인지 알 수 없어요.

단위가 왜 필요하지?

우리 속담에 "남의 손의 떡은 커 보인다."는 말이 있어요. 제 것보다 남의 것이 더 좋아 보임을 비유적으로 이르는 말인데, 그럴 때 가장 좋은 해결 방법은 저울로 떡 무게를 재는 거예요.

아무리 상대방 떡이 더 커 보여도 저울의 눈금이 똑같이 100g을 가리키고 있다면 더는 아웅다웅 싸울 필요가 없겠죠? 이렇게 단위는 어떤 사물을 비교하거나 계산할 때 기준이 돼요.

또 단위가 있으면 개수를 셀 수 없는 것도 정확한 양을 재서 사고팔 수 있어요. 가령, 연필은 한 자루, 두 자루 셀 수 있으니까 사고파는 데 아무런 문제가 없어요. 하지만 쌀은 한 톨, 두 톨 일일이 세서 거래할 수 없지요. 그래서 저울로 그 양을 재서 3kg, 5kg, 10kg, 20kg 등으로 포장해서 판매해요.

고기도 마찬가지예요. '고기 한 덩어리'라고 하면 큰 덩어리도 있고 작은 덩어리도 있고 크기가 들쭉날쭉 달라서 여러 문제가 생길 수 있어요. 하지만 저울로 무게를 재면 그 양이 일정하니까 마음 놓고 거래할 수 있지요.

이처럼 단위는 수량을 수치로 나타낼 때 일정한 기준이 되어 생활을 편리하게 해 주고 질서도 잡아 준답니다.

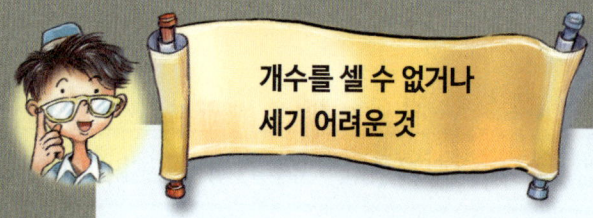

개수를 셀 수 없거나 세기 어려운 것

쌀, 고기, 시간, 운동장 넓이, 태양에서 지구까지 거리, 요리에 들어간 소금의 양, 자동차가 달리는 속도, 교실의 온도, 전구의 밝기, 컵에 든 물의 양, 산의 높이, 비가 내린 양 등

개수를 셀 수 있는 것

책, 가방, 컵, 연필, 지우개, 자동차, 신발, 옷, 선풍기, 라디오, TV, 옷장, 물고기 등

단위의 유래

인류가 단위를 언제부터 사용했는지 그 정확한 시기는 알 수 없어요. 하지만 오랜 역사를 함께해 온 것은 분명해요. 인류가 출현하여 사냥해서 먹고 살던 시대에도 가진 것을 서로 바꾸는 데는 일정한 기준이 필요했어요.

길이와 부피와 무게의 기준이 되는 단위는 사회 발전을 따라 함께 발전했어요. 거래가 개인에서 마을로, 나라 간 교역으로 확대되면서 그만큼 더욱 정밀하고 다양한 측정 도구들이 만들어졌어요. 또 그에 알맞은 단위도 생겨나 통일되었지요.

그래서 단위의 역사는 곧 인류의 역사라고 해도 지나친 말이 아니랍니다.

단위의 시작은 도량형부터

단위 이야기를 시작하면 반드시 '도량형'이 나와요. 도량형(度量衡)은 길이 또는 길이를 재는 자를 뜻하는 도(度)와 부피 또는 부피를 재는 되를 뜻하는 량(量), 무게 또는 무게를 다는 저울을 뜻하는 형(衡)이 합쳐져서 생긴 한자어예요.

즉 길이·부피·무게, 또는 이를 재고 다는 기구나 그 단위법을 이르는 말이지요. 그러니까 오늘날의 단위를 옛날에는 도량형이라고 했던 거예요.

가장 오래된 측정기는 저울추와 양팔 저울

이집트에서 석회암으로 만들어진 9000년 전의 저울추와 7000년 전의 양팔 저울이 발견되었어요. 이 저울추와 양팔 저울은 석회암으로 만들어져서 변하거나 상하지 않고 오늘날까지 전해진답니다.

인류 최초의 도량형은 고대 이집트와 메소포타미아

세계 4대 문명의 발생지인 이집트와 메소포타미아, 인더스, 황하 유역에서는 모두 자가 출토되었어요. 이 자로부터 길이, 면적, 부피가 출발했던 것이지요.

이집트와 메소포타미아에서는 도량형이 더욱 발전했어요. 이곳에서는 '큐빗'이라는 길이의 단위를 사용했어요. 큐빗은 팔꿈치에서 손끝까지의 길이로 약 50cm 정도예요. 그런데 왕의 팔꿈치를 기준으로 정했기 때문에 왕이 바뀌면 큐빗의 길이가 바뀌었지요.

고대 이집트 인들이 피라미드를 지을 때도 이 큐빗을 길이 단위로 사용했는데, 뒷날 과학자 뉴턴은 피라미드의 내부는 긴 큐빗, 외부는 짧은 큐빗으로 된 벽돌을 사용했다고 밝혔어요. 이때 긴 큐빗은 왕이나 성직자의 팔꿈치까지 길이이고, 짧은 큐빗은 일반 백성들의 팔꿈치까지 길이였답니다.

길이의 기준은 바로 짐의 몸이다!

큐빗처럼 도량형이 처음 만들어질 때는 신체 일부를 기준으로 삼는 경우가 많았어요. 그래서 자를 특별히 가지고 다니지 않아도 길이를 잴 수 있었지만, 몸의 크기가 달라 길이가 제각각이었죠. 그러다 보니 누구의 몸을 기준으로 삼느냐를 두고 다툼이 일었어요. 이 문제의 해결 방법 하나가 절대 권력을 가진 왕의 몸을 표준으로 삼는 것이었지요.

영국의 헨리 1세(1068~1135)는 "이제부터 내 코에서 손가락까지의 거리를 '1야드(yard)'로 한다."라고 선포했어요. 자신의 코끝에서 팔을 뻗어 손가락 끝까지의 길이를 야드로 정한 거예요. 1야드는 약 91cm예요.

헨리 1세는 피트도 만들었는데, 그의 발 크기를 기준으로 한 길이의 단위로 약 30cm예요. 그래서 약 1야드 = 2큐빗 = 3피트인 셈이지요.

피트

도량형을 통일한 진시황

기원전 221년에 중국을 통일한 진시황(B.C. 259~B.C. 210)은 단위를 아주 중요하게 여겼어요. 그래서 도량형 제도를 만들어 널리 알리고, 표준이 되는 자와 저울, 되를 대량으로 만들어 백성들에게 나눠 주었어요. 지역마다 다른 도량형을 하나로 통일시킨 거예요.

도량형을 하나로 통일하자, 지방 관리들의 부정부패가 줄었어요. 당시 중국에서는 비단이나 모시 같은 천으로 세금을 걷었는데, 지방 관리들이 터무니없이 긴 자로 재어 강제로 빼앗고 있었거든요. 통일된 도량형은 백성들의 생활을 안정시키는 데 큰 도움이 되었답니다. 도량형 통일은 진시황의 큰 업적이지요.

프랑스 혁명 속에 피어난 도량형 개혁

프랑스 역시 프랑스 혁명(1789~1799년 프랑스에서 일어난 시민 혁명)이 일어나기 전에는 지방마다 도량형이 제각각이었어요. 그러다 보니 물건을 사고팔 때마다 큰소리가 오갔지요.

"이 돼지고기는 1리브르(프랑스의 옛 무게 단위)가 안 될 것 같은데요."

"무슨 소리야? 우리 저울로는 1리브르가 넘거든."

세금을 낼 때도 큰 곤란을 겪어야 했어요.

"이 정도 포도로 세금을 내겠다고? 모자라도 한참 모자라니 더 가지고 와!"

"저울이 잘못된 것 같은데……."

"나라의 저울도 못 믿겠으니, 포도로는 세금 못 내!"

프랑스 혁명이 절정에 이르렀을 때 이런 불만이 폭발해 도량형 개혁 요구가 빗발쳤어요.

"자나 저울이 정확하지 않아 국민이 골탕을 먹고 있습니다. 길이, 부피, 무게를 정확히 잴 수 있는 통일된 도량형을 하루빨리 만들어야 합니다."

이렇게 하여 프랑스 과학 아카데미가 도량형 개혁에 앞장섰어요. 프랑스 과학 아카데미는 수학과 자연 과학 등을 연구하는 종합 연구

기관이에요. '근대 화학의 아버지'로 불리는 앙투안 라부아지에(1743~1794)가 열정적으로 도량형 개혁을 추진했지요.

당시 프랑스는 과학이 발전한 덕분에 정확하게 길이를 재는 측량 도구, 미세한 질량의 차이를 측정할 수 있는 저울, 뛰어난 시계 등을 가지고 있었어요. 이런 과학적 도구들은 도량형을 통일하는 데 크게 도움이 되었지요.

우리나라 도량형

우리나라도 자나 되, 저울과 같은 도량형 기구가 만들어지기 전에는 사람의 몸을 측량 기준으로 삼았어요. 주로 성인 남자의 손가락 길이나 팔꿈치, 발걸음, 그리고 손바닥을 이용한 홉, 줌, 두 팔을 이용한 아름 등을 사용했지요. 하지만 사람마다 몸의 크기가 달라서 표준이 될 만한 측정 기구가 필요했어요.

우리나라는 삼국 시대부터 자를 사용했고, 기술이 차츰 발전하여 부피를 재는 되, 무게를 다는 저울 등의 도량형 기구가 만들어졌어요.

우리나라 신화에 나타난 도량형

어느 날 하늘에서 내려온 신령이 신라 왕 박혁거세에게 황금으로 만든 자(금척)를 주었어요.

"그대는 문무에 뛰어나고 신성해서 백성들이 우러러 보고 받든 지가 오래되었으니, 이 금척으로 나라를 바로잡아라."

또 조선을 세운 태조 이성계에게도 하늘에서 내려온 신령이 금척을 주었다고 해요.

"문무와 덕망을 두루 갖춘 그대를 백성들이 믿고 따르니 이 금척으로 삼한을 다스리시오."

이처럼 우리나라 신화에 나라를 세운 왕에게 하늘이 금척을 내려 주었다는 이야기가 전해져 내려오는 것은 한 나라를 세우고 기틀을 잡아나가는 데 자가 무척 중요했기 때문이에요. 왕은 자로 자신이 다스리는 영토를 측량하고, 백성들로부터 세금을 거둬들였어요. 자로 대표되는 도량형이 나라를 통치해 나가는 데 가장 중요한 바탕이 되었다는 뜻이지요.

우리나라 고유의 면적 단위 결부속파법

'한 줌의 흙' 또는 '한 줌의 재'라는 말을 들어본 적 있나요? 한 줌은 한 주먹에 쥘 수 있을 만큼 적은 양이라는 뜻이에요. 그런데 이 한 줌은 부피의 단위일까요, 넓이의 단위일까요?

얼핏 생각하면 주먹에 쥔 양이니까 부피의 단위일 것 같지만, 사실은 넓이의 단위랍니다.

우리나라는 단군이 고조선을 세운 4300여 년 전부터 결부속파법(結負束把法)이라는 우리 고유의 면적 단위를 써왔어요. 1430년 조선 세종 대왕은 지역마다 다른 전통 단위들을 정비했어요. 이때 결부속파법도 틀을 갖췄어요.

한 줌을 가로세로 1자(38.86cm×38.86cm=0.15m^2)로 정했고, 한 줌(파)의 10배를 한 단(속), 한 단의 10배를 한 짐(부), 한 짐의 100배를 한 먹(결)으로 정했지요. 이렇게 면적을 줌, 단, 짐, 먹으로 정한 것은 옛날 사람들에게 면적 단위를 설명하기 어려웠기 때문이에요. 그래서 한 줌을 가로세로 40cm도 되지 않은 작은 면적에서 생산되는 곡식의 양으로 설명한 것이지요.

십진법으로 면적 단위를 정한 결부속파법은 현재 전 세계인이 사용하는 미터(m) 단위와 일치해요. 우리 고유의 이 우수한 단위는 단군 조선 때부터 고종 황제 시절까지 4000여 년 동안이나 사용되었답니다.

결부속파법

한 줌(파)

한 단(속)

한 짐(부)

한 먹(결)

면적 단위

1줌 : 가로 1자, 세로 1자의 넓이(1자=38.86cm, 1줌=0.15m^2, 현재 1m^2)

1단 : 10줌 (현재 10m^2)

1짐 : 100줌 (현재 100m^2)

1먹 : 10000줌 (현재 10000m^2)

조선 시대 암행어사가 들고 다닌 '유척'

조선 시대에는 돈이 아닌 곡식, 옷감, 특산물 등으로 세금을 걷었어요. 그러다 보니 지방의 수령이나 관리들이 엉터리 자와 저울을 사용하여 수탈을 일삼았어요. 백성들의 고통은 이루 말할 수 없었지요.

부정부패가 점점 심해지자 임금은 암행어사를 보내 탐관오리들을 잡아내게 했어요. 암행어사는 마패와 함께 유척을 가지고 지방으로 내려갔어요. 유척은 나라에서 내린 기준이 되는 자로, 탐관오리들의 착취를 막는 데 큰 도움을 주었지요.

유척

유척은 놋쇠로 만든 표준 자예요. 길이 246mm, 폭 12mm, 높이 15mm의 사각기둥 놋쇠 자로, 지방 수령이 세금을 제대로 걷는지 살필 때 사용했답니다.

2. 단위의 표준은 어떻게 정해졌을까?

단위의 기준은 자연!

처음 도량형의 출발은 사람의 몸이었어요. 손이나 발 등 신체를 이용하다가, 권력자인 왕의 몸이 기준이 되었죠. 하지만 사회가 발전하면서 좀 더 정확한 도량형과 기구가 필요하게 되었어요. 어느 한 시대나 권력자에 속하지 않고 특별히 누구에게 이롭지 않은 모두를 위한 자, 길이의 표준이 필요했던 거예요.

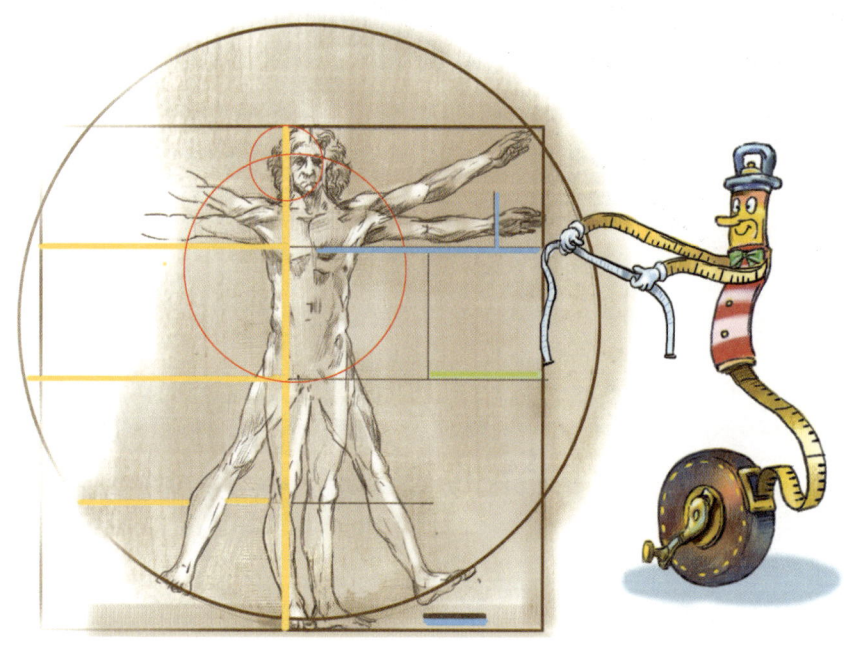

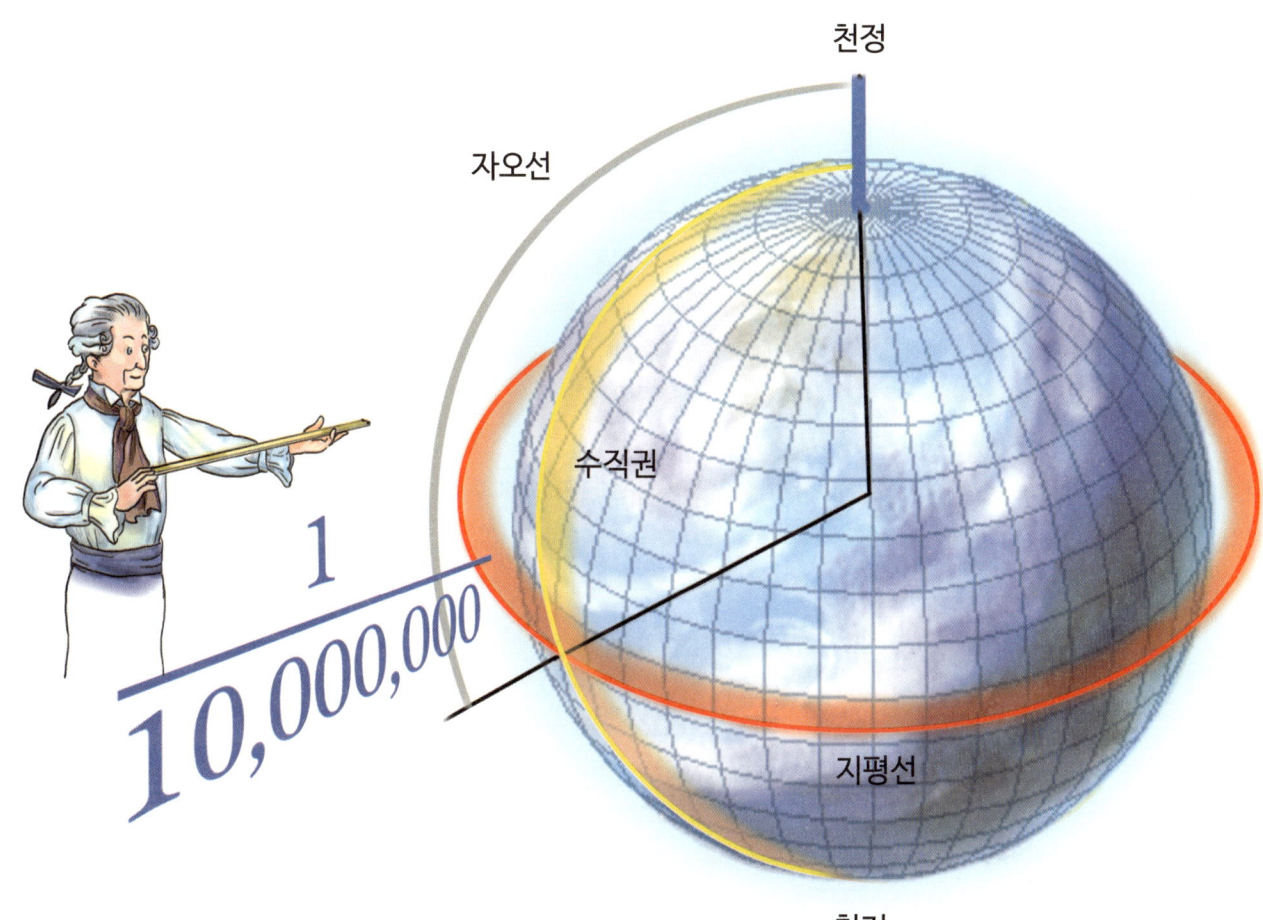

모두를 위한 척도는 자연에서

도량형 개혁에 나선 프랑스 과학 아카데미는 "도량형의 표준은 인류 전체의 공통 유산인 '자연'에서 구해야 한다."고 주장했어요. 새로운 질량과 길이의 표준은 누구에게나 공평하고, 오랜 시간이 지나도 변하지 않고 정확한 것이어야 했거든요.

프랑스 과학자들은 오랜 고심 끝에 지구 크기에서 표준을 얻기로 했어요. 지구 자오선을 기준으로 삼고, '북극점에서 적도까지 거리(90도)'를 재서 그 거리의 1000만분의 1을 길이의 단위로 삼는 것이었지요.

미터, 모든 단위의 기초가 되다

프랑스 과학 아카데미 학자들은 1970년 길이의 기본 단위 이름을 '미터'로 결정했어요. 미터는 그리스 어 메트론(metron) 또는 라틴 어 메트룸(metrum)에서 유래한 말로 '잰다'는 뜻이에요.

미터는 곧 전체 도량형의 이름인 '미터법'이 되었지요. 왜 길이의 단위인 미터를 전체 도량형의 이름으로 사용했을까요? 그것은 미터가 기초가 되어 모든 단위가 만들어졌기 때문이에요.

예를 들어, 넓이의 기본 단위인 아르(are)는 한 변의 길이가 10m인 정사각형의 넓이예요.

$10m \times 10m = 100m^2 = 1$아르(a)

부피의 단위인 리터(L)는 한 변의 길이가 1m인 정육면체 부피의 1000분의 1로 정해졌어요.

$1m \times 1m \times 1m = 1m^3 = 1000$리터(L)

또, 당시 질량의 기본 단위였던 그램(g)은 0℃ 때 순수한 물의 부피 $1cm^3$의 질량으로 정해졌어요.

이렇게 길이의 단위인 미터를 기준으로 넓이, 부피, 질량의 단위가 정해졌답니다.

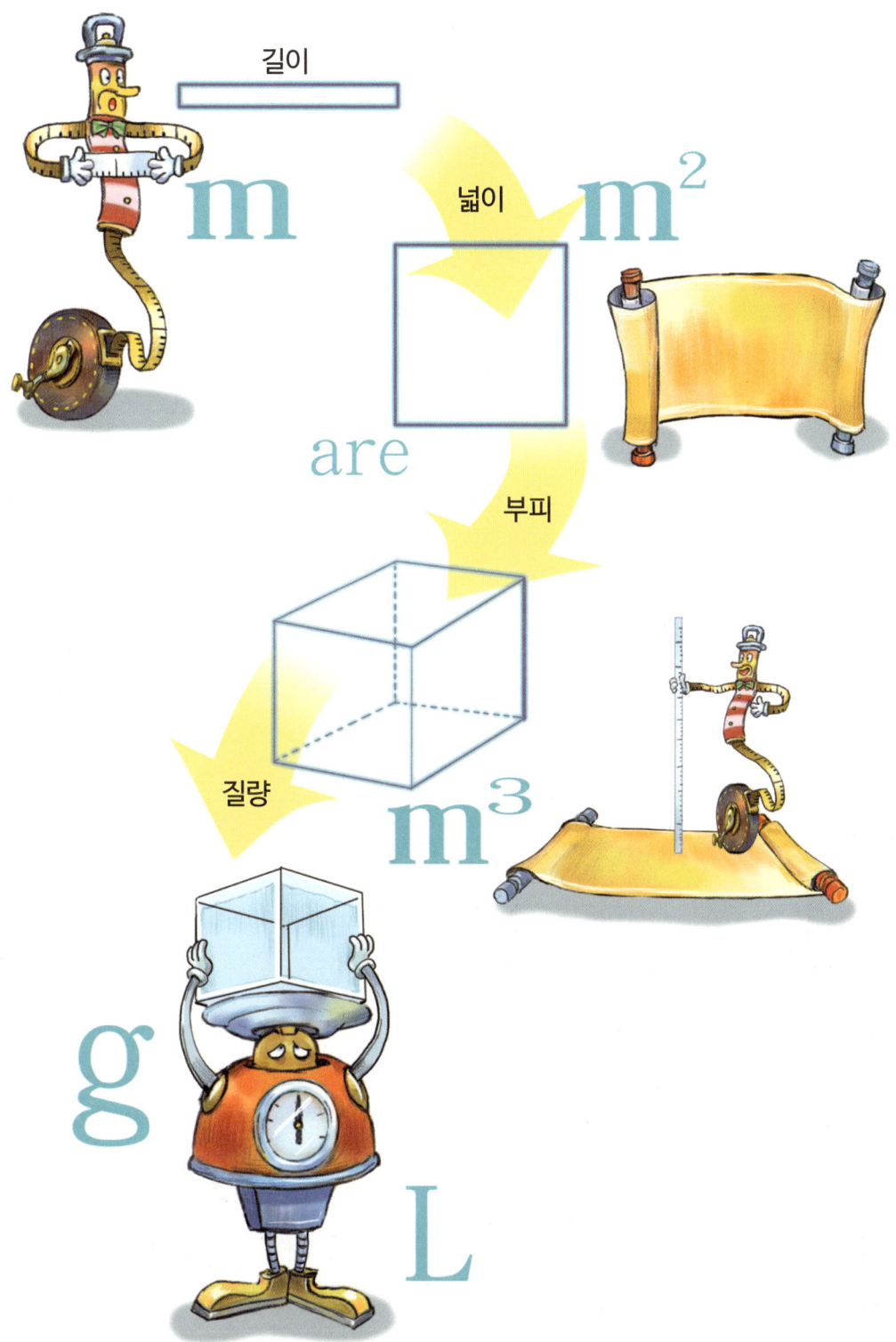

1미터의 길이를 얻기까지

프랑스 과학 아카데미가 1미터를 '북극점에서 적도까지 거리(90도)를 재서 그 거리의 1000만분의 1로 하자'고 결정했지만, 실제 1미터 길이는 알 수 없었어요. 그걸 알기 위해서는 북극점에서 적도까지의 거리를 재어 봐야 했지요.

당시 학자들은 이 거리를 측정하기 위해 파리를 지나가는 자오선을 이용하기로 했어요. 그리고 측정을 간소화하기 위해 거리의 일부분을 측정해서 전체 거리를 계산하기로 했지요.

지구 자오선을 측정하기 위해 프랑스의 유명한 천문학자 장 바티스트 들랑브르(1749~1822)와 피에르 메솅(1744~1804)이 길을 나섰어요. 그런데 길을 가는 도중에 몇 번씩이나 목숨을 잃을 뻔했답니다.

당시 프랑스는 대혁명으로 혼란스러웠고, 유럽 곳곳에서는 전쟁이 벌어졌거든요. 두 학자는 1년 정도 걸릴 거라는 예상을 뛰어넘어 무려 6년이 넘어서야 측정을 마무리할 수 있었지요. 그 결과 1799년 지구 자오선 길이를 바탕으로 하여 1m 길이를 나타낸 자, '미터원기'가 만들어졌답니다.

정복은 순간이지만, 미터법은 영원하리라!

1799년에는 '미터원기'에 이어 '킬로그램원기'도 만들어졌어요. 질량의 기본 단위가 그램에서 킬로그램으로 바뀐 거예요. 그램의 단위가 너무 작아 정밀한 측정이 어려웠기 때문이지요.

이렇게 미터원기와 킬로그램원기가 만들어지자, 미터법은 1799년 파리 주변 지역부터 강제로 시행되었어요. 당시 최고 지도자였던 나폴레옹(1769~1821)은 프랑스 전역에 미터법 사용을 의무화했어요.

하지만 오랫동안 쓰던 습관과 버릇 탓에 미터법은 쉽게 정착하지 못하고 혼란을 불러일으켰어요. 상인들은 새로운 질량 단위인 킬로그램을 전통 단위인 리브르라고 속여 크게 이득을 보았어요.

상거래 질서가 무너지고 미터법을 명령했던 나폴레옹은 위기에 빠졌어요. 게다가 러시아 정복에 실패하고 권력이 약해지자, 그만 미터법을 철회하고 예전의 낡은 도량형 제도를 쓰게 했어요. 그러고는 과학자들을 비난했지요.

"이 나라 4000만 명도 만족시키지 못하면서 과학자들은 감히 전 세계인의 동의를 얻길 바랐다."

그 뒤 1814년 나폴레옹은 지중해의 엘바 섬으로 추방당했고 역사 속으로 사라졌어요.

　그러나 미터법은 다시 살아나 프랑스뿐만 아니라 전 세계로 퍼져나갔어요. 나라와 나라 사이에 무역이 활발해지고 교류가 많아지면서 국제적으로 통일된 도량형이 필요하다는 데 많은 나라가 생각을 같이 했거든요.
　이렇게 해서 미터법은 처음 만들기 시작했던 과학자들의 꿈대로 '모든 시대, 모든 사람을 위한 도량형'으로 오늘날까지 거듭나게 되었답니다.

오늘날, 우리가 쓰고 있는 단위계

미터법은 길이는 미터(m)를, 부피는 리터(L)를, 무게는 킬로그램(kg)을 기본 단위로 하는 국제적 측정 단위 체계예요. 미터법이 쉽고 우수하다는 점이 알려지자 점점 많은 나라가 미터법을 사용했어요. 그래서 'm', 'L', 'kg' 등의 단위 기호는 전 세계적으로 통일되었답니다.

단위 기호는 세계인이 함께 쓰는 만국 공통어

미터법이 정해졌지만, 나라마다 언어가 달라서 부르는 말이 다를 수 있어요. 예를 들어 우리나라에서 기호 'm'은 한글로 '미터'라고 해요. 영어 'meter'를 우리 발음으로 바꾼 것이지요. 하지만 중국에서는 '米(미)'라고 한답니다.

이렇게 부르는 이름이 다를 수 있지만, 기호만큼은 반드시 'm'으로 똑같이 써요. 대문자로 써서도 안 되고 소문자 'm'으로 정해졌어요.

세계에서 이 미터 단위를 쓰지 않는 나라는 미국과 라이베리아, 미얀마뿐이랍니다. 이 세 나라를 제외하고 세계 어디에서나 길이와 부피와 무게의 단위가 똑같아요. 그러니까 단위 기호는 국경을 초월해서 세계인이 함께 쓰는 만국 공통어인 셈이지요.

법으로 정해진 기준 단위가 있다고?

슈퍼마켓에 가면 수많은 상품이 진열되어 있어요. 상품들을 살펴보면 대부분이 일정한 단위로 포장되어 있어요. 과자 200g, 우유 250ml, 쌀 20kg, 쇠고기 150g, 껌 한 통······.

그리고 버스나 지하철, 또는 택시를 탈 때는 km 당 얼마라는 식으로 각각의 요금이 정해져 있어요. 모두 기준이 되는 단위가 쓰이고 있는 거지요.

이렇게 기준이 되는 단위가 없다면 어떻게 될까요? 똑같은 물건이라도 거래할 때마다 가격이 달라질 수 있어요. 사람들은 물건값을 믿지 않을 것이고, 조금이라도 싸게 사려고 다툴 거예요. 시장의 질서가 무너지고 혼란스러워지는 거지요.

이러한 불편을 없애기 위해 각 나라에서는 길이, 넓이, 부피 등의 양을 정확히 재기 위한 계량 단위를 법으로 정해 놓고 있어요. 또 국제적으로도 똑같은 기준을 정해 같은 단위를 쓰도록 정해 놓았어요. 이것을 법정 계량 단위, 또는 국제단위계(SI)라고 부른답니다. 이 국제단위계에서는 7개의 단위를 기본 단위로 삼고 있어요.

국제단위계(SI)의 기본 단위

양	단위 명칭	단위 기호
시간	초	s
길이	미터	m
질량	킬로그램	kg
전류	암페어	A
열역학적 온도	켈빈	K
물질량	몰	mol
광도	칸델라	cd

단위를 잘못 사용하여 생긴 일

단위는 일상생활뿐 아니라 과학 기술 분야를 비롯하여 우주 항공 등 인류가 살아가는 모든 분야와 깊이 관련되어 있습니다. 단위에 맞춰 정확히 수치를 계산해 그에 따라 집을 짓고 도로를 만들고 자동차를 생산하고 전기를 일으키지요.

만약 단위가 맞지 않는다면 어떤 일이 벌어질까요? 상상도 할 수 없는 어마어마한 일이 벌어지고 말지요.

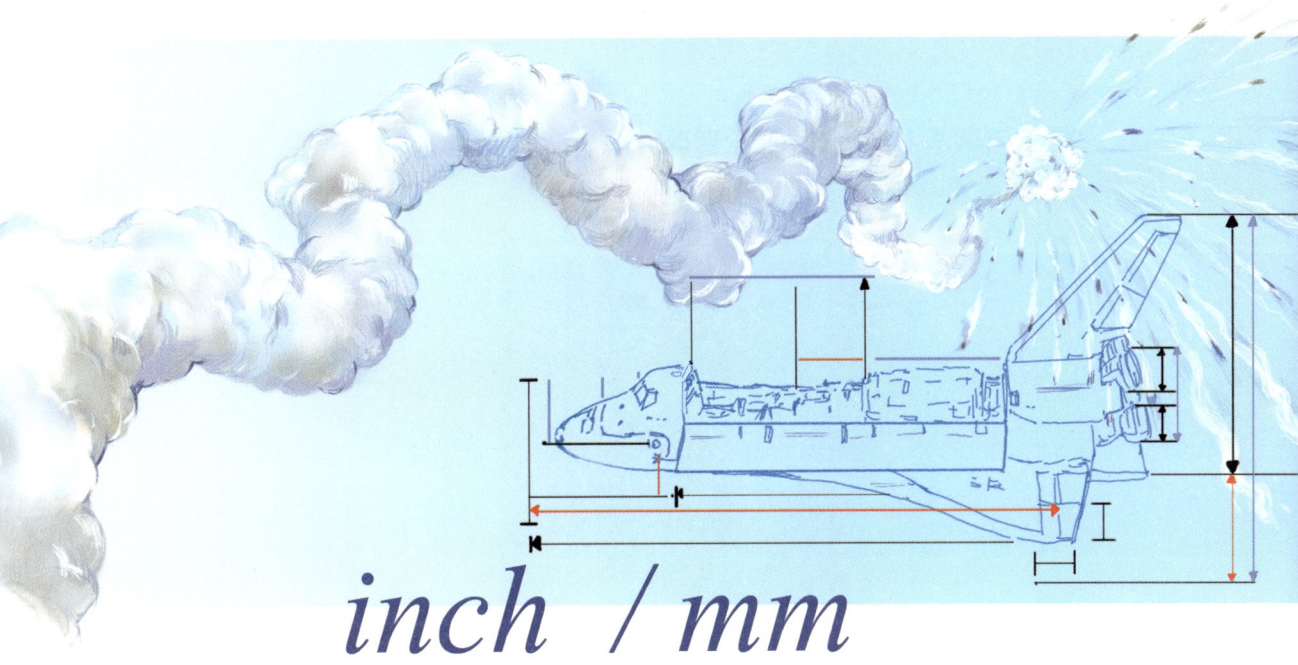

inch / mm

단위가 달라서 우주 왕복선 챌린저호가 터졌다고?

1986년 1월 28일 우주 왕복선 챌린저호가 발사한 지 73초 만에 폭발했어요. 미국 항공 우주국(NASA)은 챌린저호를 실은 로켓 외벽 이음매에서 연료가 흘러나와 폭발했다고 발표했어요.

폭발 원인은 제 역할을 하지 못한 오링에 있었어요. 오링은 기계 부품 이음매에서 기체가 새지 않도록 하는 고무 패킹이에요. 발사 당일 고드름이 얼 정도로 추운 날씨에 뻣뻣해진 데다, 놀랍게도 오링만 다른 단위를 사용해 제작되었어요. 다른 부품들은 미터 단위를 썼는데 오링은 인치(inch)를 기준으로 제작되었던 거예요. 오링이 제 역할을 하지 못해 이음매 사이로 가스가 새어 나와 연결 부위가 파손됐고, 결국 폭발하고 말았던 거지요.

'화성 기후 탐사선'도 단위가 달라서 폭발!

1999년 미국의 '화성 기후 탐사선(Mars Climate Orbiter)'이 폭발하는 사고가 발생했어요. 사고 원인은 서로 다른 단위를 사용한 데에 있었어요.

미국 기업 록히드 마틴은 탐사선을 야드파운드법을 기준으로 제작했는데, 탐사선을 실제로 움직인 NASA는 계기에 표시된 숫자들을 미터법 단위로 이해해 조종한 거예요. 결과적으로 추진력 수치를 잘못 계산하는 바람에 탐사선은 화성에서 예정보다 100km 아래인 60km 지점의 낮은 궤도에 진입하다가 사고가 났어요. 한 치의 오차도 허용하지 않는 우주 비행에서 절대 일어나서는 안 되는 치명적 사고였죠. 이 사고로 NASA는 3년 동안의 노력과 1억 2500만 달러의 손실을 보았답니다.

우리나라 비행기 추락 사고도 단위 때문?

1999년 4월 중국 상하이에서 이륙한 대한항공 화물기가 몇 분 만에 추락해 조종사 3명, 인근 주민 5명이 목숨을 잃었어요. 거리를 계산할 때 서로 다른 단위를 쓴 게 사고 원인이었어요.

당시 한국은 미국의 항공 체계를 따라 '피트'를 사용했지만, 중국은 '미터'를 사용했어요. 이륙 직후 비행기 자동 조정 장치에 이상이 생겼고, 공항 관제탑에서는 "고도 1500미터를 유지하라."고 지시했어요. 하지만 조종사는 이것을 1500피트로 잘못 알아들었고, 스톨에 빠져 그만 추락하고 말았답니다.

옛날에 사용한 우리나라 단위

오늘날 우리나라는 국제단위인 '미터법'을 법정 단위로 지정해 쓰고 있어요. 하지만 습관적으로 옛날에 쓰던 단위를 그대로 쓰는 경우가 있죠. 옷감을 잴 때 쓰는 자 또는 마, 거리나 길이를 잴 때 쓰는 리, 넓이를 말할 때 쓰는 평 또는 마지기, 부피를 잴 때 쓰는 홉, 되, 말, 섬, 가마, 그리고 무게를 잴 때 쓰는 돈 또는 근 등이 이에 해당합니다.

평이 우리나라 전통 단위라고?

우리는 그동안 면적을 나타낼 때 '평' 단위를 많이 썼어요. 하지만 한 평은 약 3.3058m²로 미터 단위로는 정확히 계산할 수 없고, 정확하게 측정할 수 있는 도구도 없어요.

게다가 '평' 단위는 우리 전통 단위가 아니라, 일제 강점기 일본군의 국토 침탈 과정에서 일본식 척관법이 도입되어 만들어진 단위예요.

나라에서는 일본식 단위 체계를 바로잡고, 정확한 수치 사용으로 편리하고 바른 거래가 이루어지도록 '평' 단위 사용을 법으로 금지하고 대신 '제곱미터(m²)'를 쓰게 했답니다.

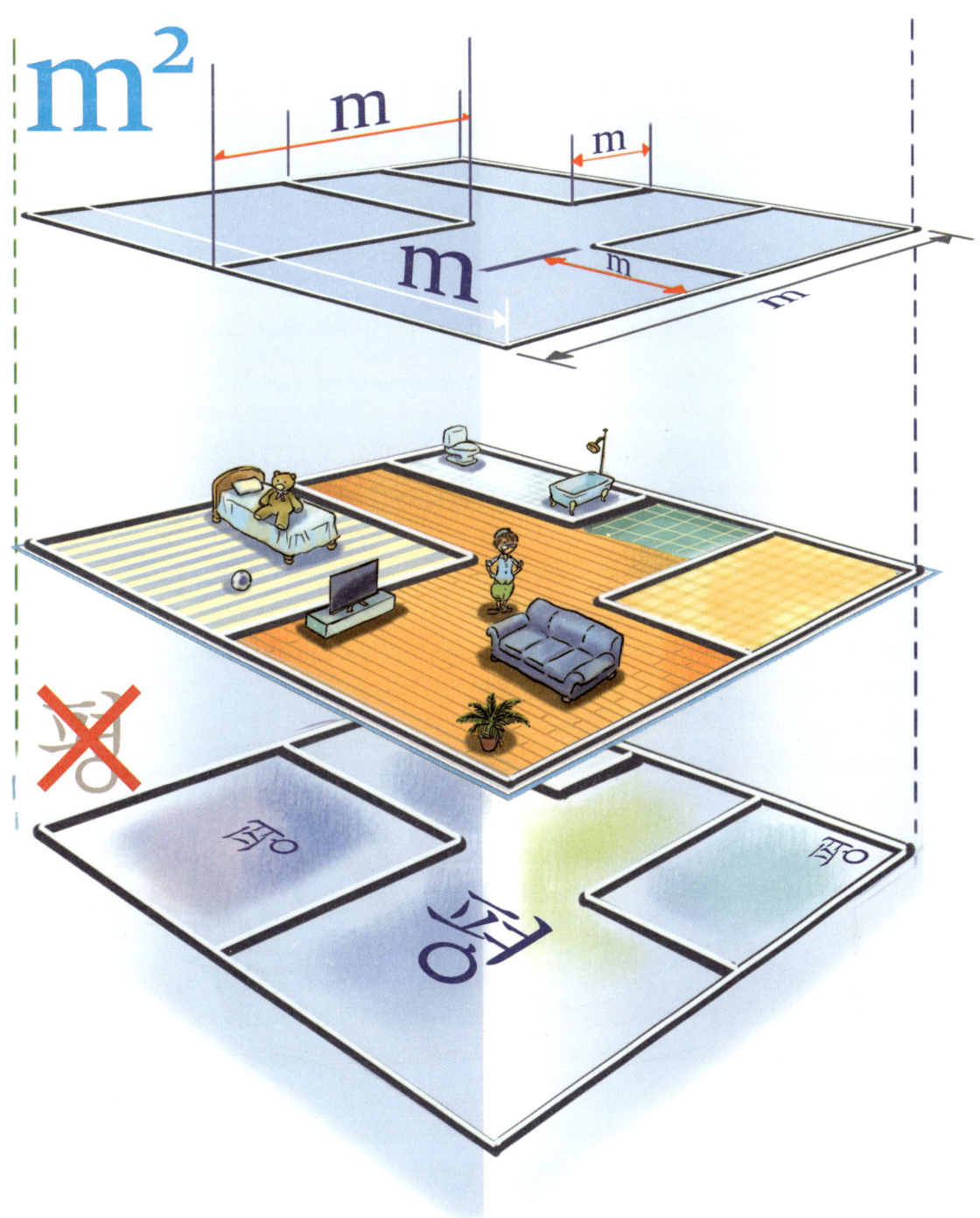

오랫동안 사용했지만 쓰지 않아야 할 단위

금을 비롯한 귀금속을 거래할 때 '돈'이라는 단위를 많이 사용하는데, 이 역시 일제 강점기의 잔재예요. 일본 진주 양식업자들이 쓰던 무게 단위이기 때문이죠. 또한 한 돈은 3.75g으로, 소수점이 있어 정확한 무게를 재기가 어려워요.

육류나 곡물 등을 잴 때 사용하는 '근'이라는 단위도 쓰지 않아야 해요. 보통 한 근은 600g인데, 정확한 무게의 단위가 아니므로 지역에 따라 400g, 500g, 600g 등 자유롭게 그 양이 바뀐답니다.

이처럼 무게를 정확하게 잴 수 없는 '돈'과 '근' 대신 '그램(g)'이나 '킬로그램(kg)'을 반드시 써야 합니다.

사용해야 할 단위와 사용하지 말아야 할 단위

구분	사용해야 할 단위	사용하지 말아야 할 단위
길이	미터(m) 센티미터(cm) 킬로미터(km)	자, 마, 리(里) 피트, 인치 마일, 야드
넓이	제곱미터(m^2) 제곱센티미터(cm^2) 헥타르(ha)	평, 마지기 정보 또는 단보 에이커
부피	세제곱미터(m^3) 세제곱센티미터(cm^3) 리터(L 또는 l)	홉, 되, 말 석(섬), 가마 갤런
질량	그램(g) 킬로그램(kg) 톤(t)	근, 관 파운드, 온스 돈, 냥

길이의 단위

길이의 단위, 미터

내 키는 얼마일까? 집에서 학교까지 거리는? 앞산의 높이는? 동해는 얼마나 깊지? 지구에서 달까지는 얼마나 멀까? 이런 것들을 알려면 길이를 재어 봐야 해요. 길이를 재려면 자가 있어야 하고, 자를 만들려면 모든 사람이 인정하는 정확한 기준이 있어야 하지요.

오늘날 전 세계인이 함께 쓰는 길이의 기본 단위는 미터(m)예요. 지금 우리가 쓰고 있는 자도 미터가 기준이지요.

1미터의 기준은 무엇일까?

1795년 프랑스에서 처음 만들어진 미터는 지구 북극점에서 적도까지 지구 자오선 길이(90도)를 1000만분의 1로 나눈 값이었어요. 하지만 시간이 흐르면서 이보다 더 정확하고 정밀한 기준이 요구되었고, 미터의 정의는 훨씬 복잡하게 바뀌었어요.

　현재 1m는 '빛이 진공에서 2억 9979만 2458분의 1초 동안 달려간 거리'로 정의해요. 이것은 진공 상태에서 빛의 속도를 나타내는데, 이 속도는 1초에 지구 일곱 바퀴 반을 돌 수 있는 속도이고, 지구에서 달까지 갈 수 있는 속도이며, 태양까지는 8분 거리라고 해요. 이것은 실제 측정한 값이 아니라 미터의 정의에 따라 계산한 값이랍니다.

여러 가지 길이 단위 표기

밀리미터(mm), 센티미터(cm), 미터(m), 킬로미터(km)

길이 단위 비교

1미터(m) = 100센티미터(cm) = 1000밀리미터(mm)

1킬로미터(km) = 1000미터(m)

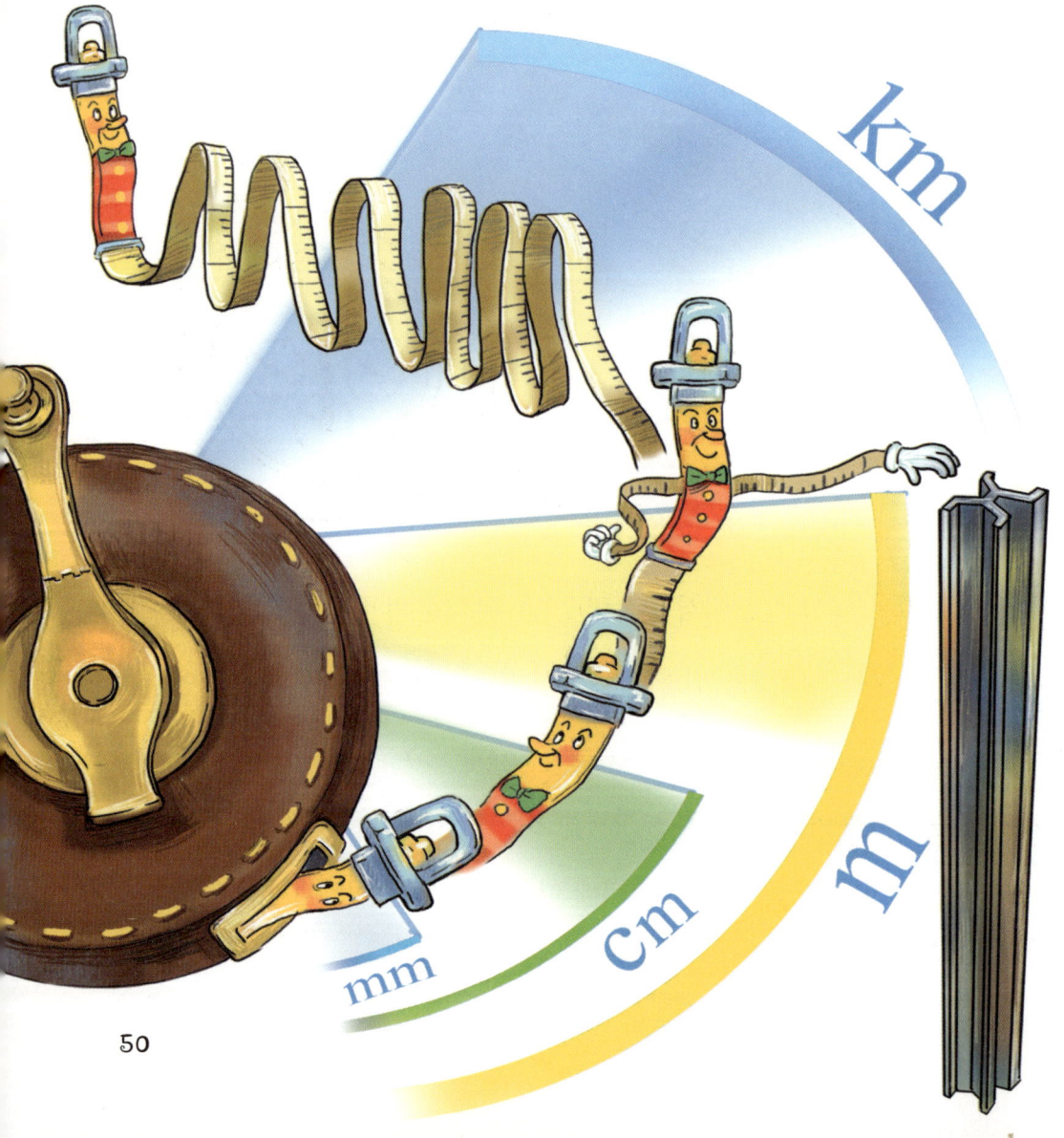

우리나라에는 언제 미터법이 들어왔을까?

지금으로부터 약 100여 년 전 대한 제국 시절에 미터법이 들어왔어요. 1902년에 도량형 업무를 담당하는 '평식원'이라는 관청이 설치되어 '도량형 규칙'을 만들었죠.

1905년에는 대한 제국 법률 1호로 도량형법을 널리 알려 우리 고유의 '결부속파법'에 미터법을 적용했으나, 국가적 차원에서 미터법을 쓰기 시작한 것은 광복 이후예요.

미터법의 장점은 무엇일까?

첫째, 각각의 물리량에 대해서 한 가지 단위만 사용해요. 예를 들어 길이의 경우 mm, cm, km 등에서도 보듯이 배수나 분수를 나타내는 접두어를 떼면 모두 m만 사용합니다.

둘째, 모든 활동 분야에 같이 적용돼요. 경제, 과학, 문화, 스포츠 등에서 같은 단위를 사용함으로써 분야를 뛰어넘어 서로 교류하고 이해하기 쉬워지지요.

셋째, 기본 단위 7개로 이루어지는 일관성 있는 단위 체계예요. 기본 단위 7개를 어떤 상수 없이 곱하거나 나누어서 다른 물리량을 형성하지요.

$$넓이(1m^2) = 길이(1m) \times 길이(1m)$$

넷째, 모두 십진법에 기초하여, 배우고 사용하기 쉬워요.

미터 이전에는 어떤 단위를 썼을까?

미터가 널리 쓰이기 전에는 사람의 손, 발과 같은 신체의 일부를 단위의 기초로 삼았어요. 우리말 중에는 뼘, 발, 길, 자, 치와 같이 길이의 단위를 나타내는 말들이 지금도 남아 있어요.

단위를 나타내는 우리말

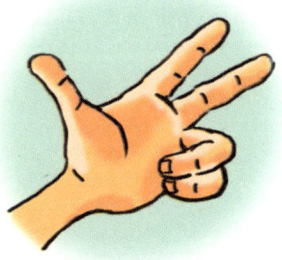

뼘 손가락을 쫙 폈을 때 엄지손가락과 가운뎃손가락 사이의 거리.
예 키가 동생과 한 뼘 정도 차이 나.

발 두 팔을 양옆으로 펴서 벌렸을 때 한쪽 손끝에서 다른 쪽 손끝까지의 길이.
예 약 한 발 정도의 끈이 필요해.

길 사람 키 정도의 길이.
예 열 길 물속은 알아도 한 길 사람 속은 모른다.

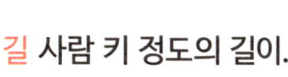

치 한 자의 10분의 1로 약 3.03cm.
예 한 치 앞이 안 보인다.

자 한 치의 열 배로 약 30.3cm.
예 내 코가 석 자다.

길이를 재는 도구

자는 한쪽 끝에서 다른 한쪽 끝까지의 길이를 재는 데 쓰는 도구예요. 우리가 흔히 쓰는 30cm 자부터 줄자, T자, 삼각자 등 그 종류가 다양하지요.

우리나라에서 가장 오래된 고유의 자 '고구려 자'

한국에서 발견된 가장 오래된 자는 '고구려 자'예요. 고구려는 자체적으로 자를 만들어 사용했는데, 백제와 신라, 그리고 고대의 일본에까지 전해져 널리 사용되었다고 해요. 자의 길이는 35.6cm인데, 작은 눈금이 표시되어 있어요.

자의 종류

접음자 가지고 다니기 편리하도록 접히는 자.

줄자 헝겊이나 강철로 띠처럼 만든 자. 둥근 갑 속에 말아 두었다가 필요한 때에 풀어 씀.

신장계 키를 잴 때 쓰는 자.

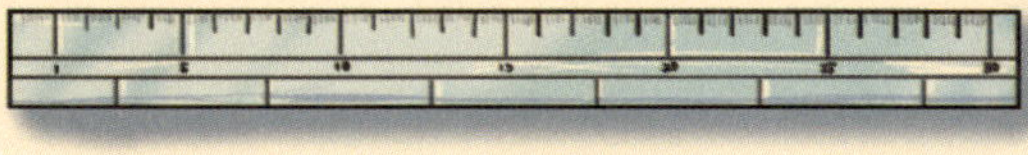

30cm 자 우리가 가장 흔히 쓰는 자.

삼각자 삼각형으로 된 자.

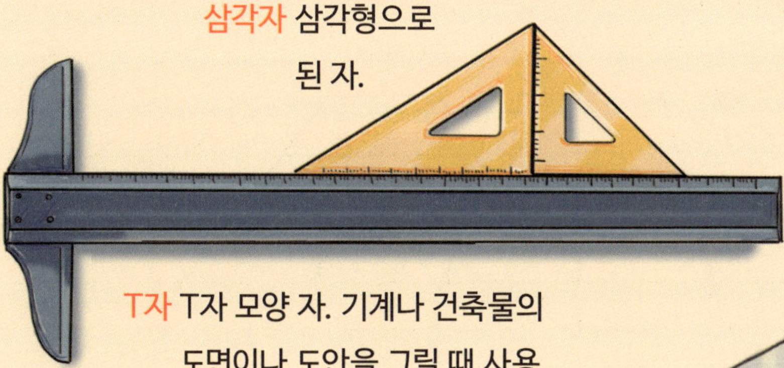

T자 T자 모양 자. 기계나 건축물의 도면이나 도안을 그릴 때 사용.

4. 넓이와 부피의 단위

넓이의 단위

내 방의 크기는 얼마나 될까? 우리 학교 운동장의 넓이는? 그걸 알려면 넓이를 구해야 해요. 넓이의 단위는 제곱미터(m²)와 아르(a)예요. 길이를 알면 넓이를 구할 수 있지요.

제곱미터(m^2)는 어떻게 만들어졌나?

예를 들어 가로 5m, 세로 7m의 직사각형의 면적을 구해 볼까요?

5m × 7m = 35m^2

여기서 숫자를 빼고 단위만 보면 다음과 같아요.

m × m = m^2

길이의 기본 단위인 미터(m)가 곱해져서 m^2가 되었어요.

이렇게 넓이의 단위인 제곱미터(m^2)는 새로 만들어진 게 아니라, 이미 알고 있는 길이의 단위 m를 사용해서 새로운 단위를 만든 거예요.

제곱미터(m²)의 숫자 2는 어떤 의미일까?

1미터를 두 번 곱했다는 뜻이에요.

1m × 1m = 1m²

1m²는 한 변의 길이가 1m인 정사각형의 넓이지요.

그대로 적용하면 제곱센티미터(cm²), 제곱킬로미터(km²)의 의미도 금방 알 수 있겠지요?

cm × cm = cm²

km × km = km²

제곱이 붙지 않은 넓이의 새로운 단위 아르(a)

넓이의 단위 중에는 아르(a)가 있어요. 아르는 한 변의 길이가 10m인 정사각형의 넓이예요. 다시 말하면 100m²지요.

1a = 10m × 10m = 100m²

아르는 땅, 넓이를 뜻하는 라틴 어 'area'에서 유래했어요.

아르의 100배는 헥타르(ha)예요. h(헥타)는 100배를 나타내는 접두어지요.

제곱미터(m^2)와 제곱킬로미터(km^2) 사이를 메우는 아르(a)와 헥타아르(ha)

$1m^2$ → 100배(1a) → 100배(1ha) → 100배($1km^2$)

$1km^2$ = 100ha = 10000a = 1000000m^2

$1m^2$: 한 변이 1m인 정사각형의 면적

1a : 한 변이 10m인 정사각형의 면적

1ha : 한 변이 100m인 정사각형의 면적

$1km^2$: 한 변이 1km인 정사각형의 면적

부피의 단위

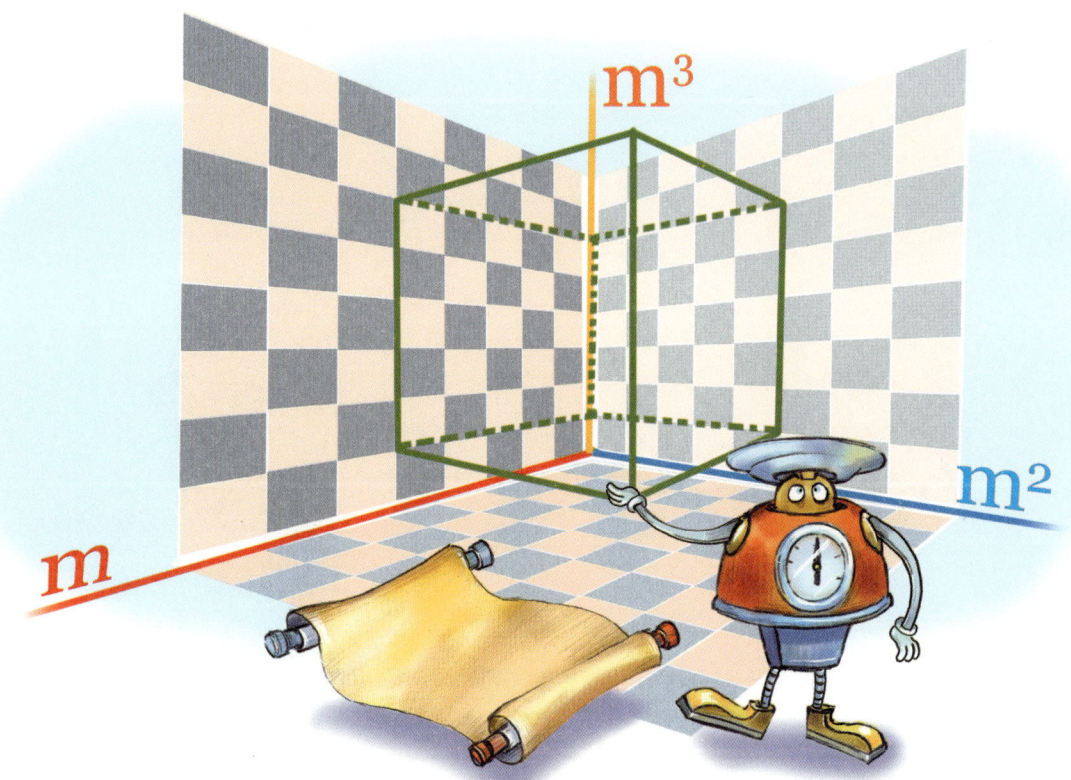

부피는 넓이와 높이를 가진 물건이나 액체가 차지하는 공간의 크기예요. 공간을 크게 차지하면 부피가 큰 것이고 작게 차지하면 부피가 작은 것이지요.

부피의 단위는 한 변의 길이가 1m인 정육면체로, 세제곱미터(m^3)예요.

세제곱미터(m^3)는 어떻게 만들어졌나?

1m × 1m × 1m = $1m^3$

길이의 기본 단위인 미터(m)가 세 번 곱해져서 m^3가 되었어요. 부피의 단위도 넓이의 단위처럼 길이의 기본 단위 m를 사용해서 새로운 단위를 만든 것이지요.

부피 단위 사이의 관계

1m × 1m × 1m = $1m^3$

100cm × 100cm × 100cm = $1000000cm^3$

$1m^3$ = $1000000cm^3$

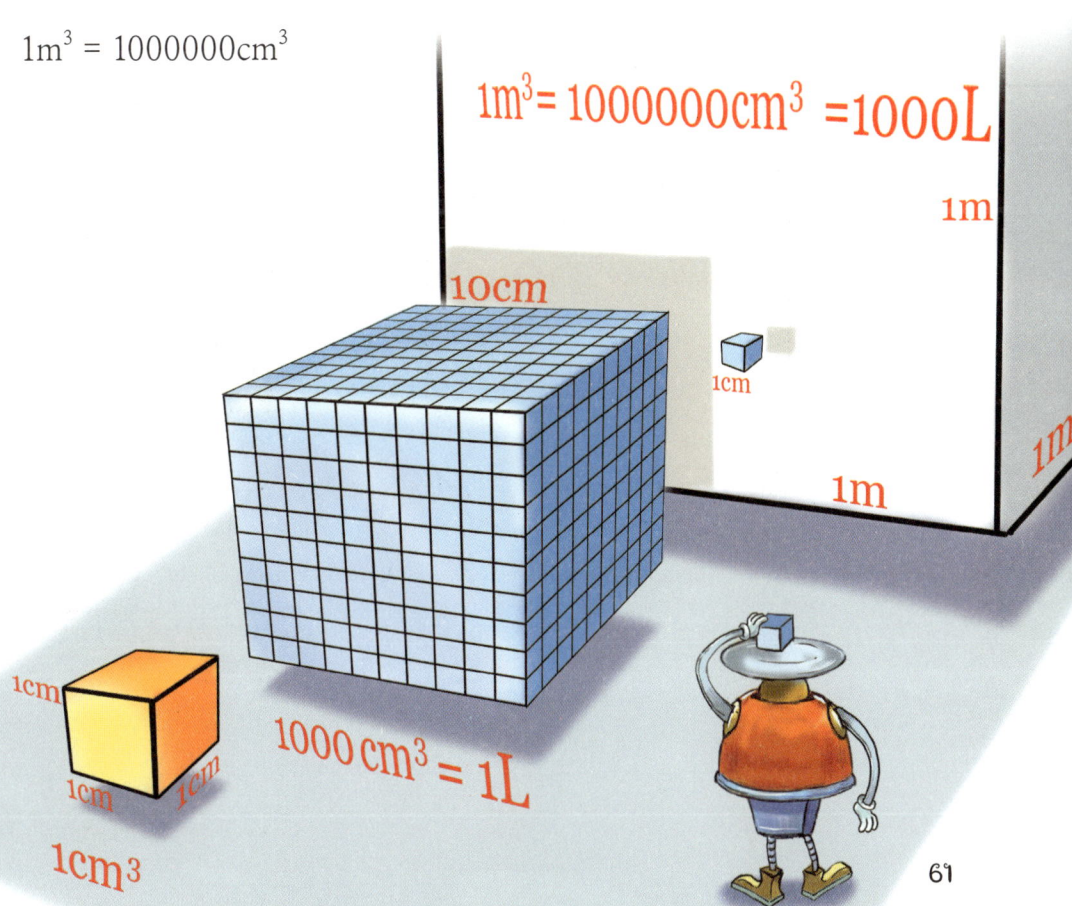

부피와 들이의 차이

부피와 들이는 비슷한 것 같지만 달라요. 부피는 어떤 물체나 액체가 차지하는 공간의 크기이고, 들이는 말 그대로 그 공간에 들어가는 양을 말해요. 그러니까 겉으로는 똑같은 부피의 그릇이라 하더라도 그릇의 두께에 따라 들이가 달라져요. 두께가 얇은 그릇이 두꺼운 그릇보다 많이 들어가겠죠?

부피와 들이 단위 사이의 관계

$1cm^3 = 1mL$

$1000cm^3 = 1000mL = 1L$

$1m^3 = 1000000cm^3 = 1000000mL = 1000L = 1kL$

계량컵에 있는 'cc'는 무엇일까?

cc는 'cubic centimeter'의 첫 글자를 따온 거예요. 'cubic'에는 '정육면체의, 세제곱의'라는 뜻이 있지요. 그러니까 cc는 부피의 단위 세제곱센티미터를 줄여 쓴 말이에요.

1cc = 1cm × 1cm × 1cm = 1cm^3

1cm^3 = 1mL = 1cc

부피를 재는 도구

우리가 살아가는데 부피를 정확히 재는 일은 무척 중요해요. 물건을 거래하거나 실험할 때는 말할 것도 없고 일상생활에서도 꼭 필요하지요.

가령 약을 먹을 때는 눈금이 새겨진 작은 숟가락으로 정확한 양을 재서 먹어야 해요. 요리할 때는 계량컵이나 계량스푼으로 측정하여 알맞은 양을 넣어야 맛있는 음식을 만들 수 있지요.

부피를 재는 실험 기구

액체의 부피를 잴 때는 눈금실린더와 비커를 써요. 눈금실린더는 액체의 부피를 잴 수 있도록 만든, 눈금이 새겨진 원통형의 시험관이에요. 비커는 액체를 붓는 입이 달린 원통 모양의 유리그릇이죠.

비커

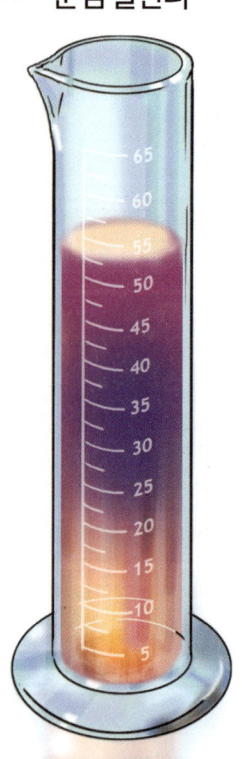
눈금실린더

눈금실린더 사용법

먼저 측정하려는 액체의 부피보다 용량이 큰 눈금실린더를 준비해요. 그다음 액체를 눈금실린더에 붓고, 눈금실린더를 평평한 곳에 놓아요. 몸을 낮추어 액체의 높이와 눈의 높이를 맞추고 액체의 오목한 면의 눈금을 읽으면 돼요.

액체가 유리 벽을 타고 살짝 올라가기 때문에 오목한 곳을 보고 읽어야 정확해!

생활 속 부피 측정 기구

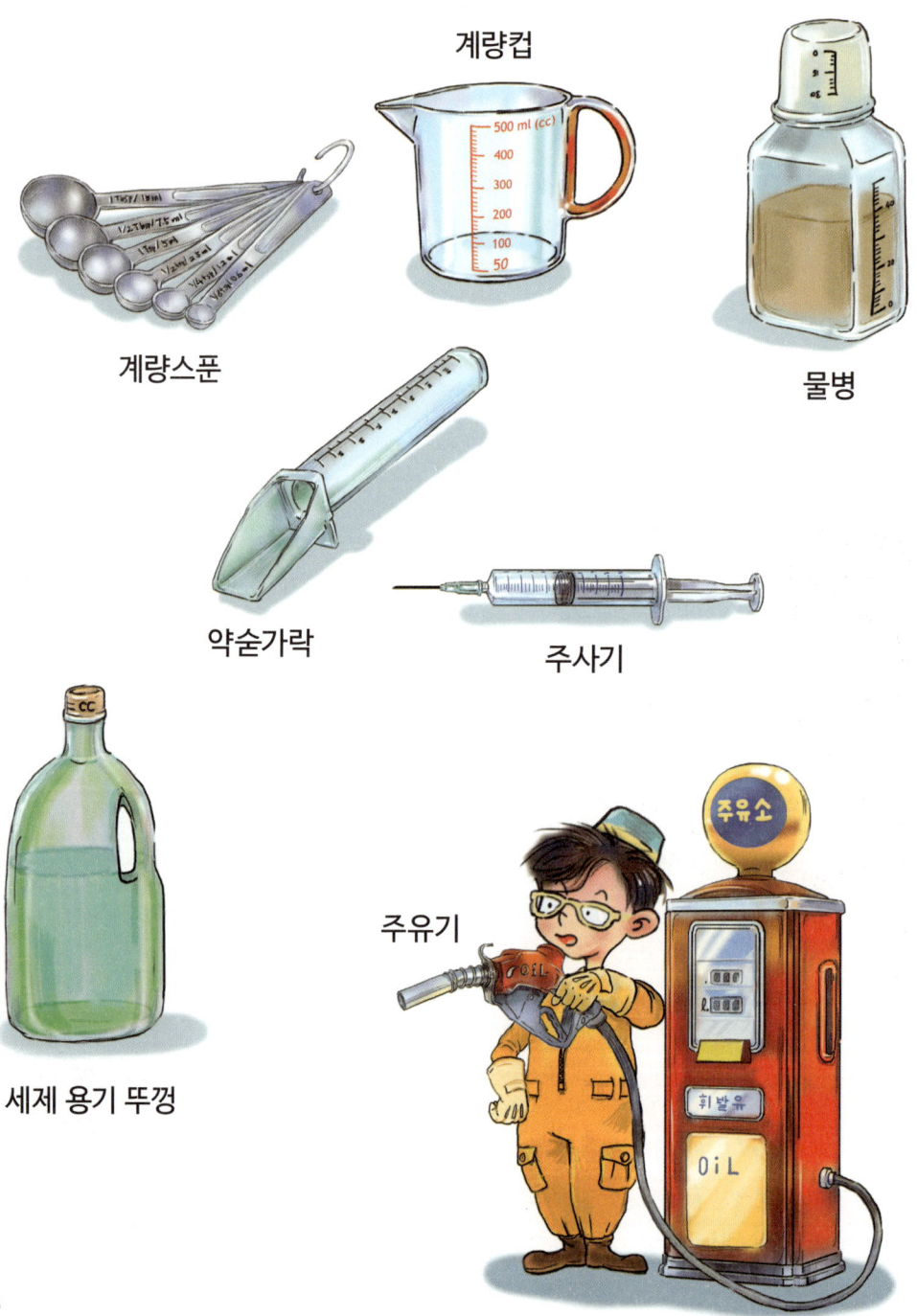

우리나라 전통 부피 단위

홉 한 줌의 양. 한 홉은 한 되의 10분의 1로 약 180mL.

되 두 손으로 움켜잡은 양. 한 되는 한 홉의 열 배로 약 1.8L.

말 열 되의 양. 한 말은 한 되의 열 배로 약 18L.

섬 열 말의 양. 한 섬은 한 말의 열 배로 약 180L.

5 무게와 질량의 단위

무게와 질량

"콩나물 100g 주세요."

"고구마 1kg 주세요."

시장에서 사고파는 대부분의 상품은 저울로 무게를 달아 그 양을 가늠해요. 무게는 물체의 무거운 정도를 말해요. 물체의 무겁고 가볍고를 측정하는 무게에 따라 거래가 이루어지는 거지요.

무게와 무게의 단위

무게는 지구가 물체를 지구 중심으로 끌어당기는 힘이에요. 다시 말해 지구 위 물체에 작용하는 중력의 크기지요. 물체가 무겁다는 것은 지구가 그 물체를 세게 끌어당긴다는 말이에요. 그러니까 무게를 잰다는 것은 지구가 물체를 끌어당기는 힘의 크기를 재는 것이지요.

　무게는 위치에 따라 달라져요. 지구 중심에서 멀어질수록, 지구 위에서 높은 곳으로 올라갈수록 가벼워지지요. 달의 중력은 지구의 1/6이기 때문에 무게도 지구의 1/6이에요. 지구에서 6kg은 달에서 1kg이지요.

　그럼 무게의 단위는 무엇일까요? 무게는 지구가 끌어당기는 힘의 크기이므로 정확하게는 힘의 국제단위인 뉴턴(N)을 사용해야 해요. 1뉴턴은 1kg의 물체에 작용하여 매초 1m의 가속도를 얻게 하는 힘이에요.

　하지만 고기와 과일, 곡식을 사고파는 일상생활에서는 무게와 질량을 명확히 구별하지 않고 킬로그램(kg)과 그램(g)을 사용하지요.

질량과 질량의 단위

질량은 물질이 가지고 있는 고유의 값이에요. 양팔 저울 또는 윗접시 저울을 사용하여 측정하지요. 질량의 단위는 그램(g)과 킬로그램(kg)이에요.

무게와 질량의 차이

무게는 질량과 관련이 있지만 같은 것은 아니에요. 무게는 지구가 끌어당기는 힘의 크기이기 때문에 위치에 따라 달라져요. 가령 6kg의 감자가 있다면 지구에서는 6kg이지만, 달에서는 1kg이지요.

하지만 질량은 물체를 이루는 물질의 양이기 때문에 위치와 관계없이 일정해요. 지구에서도 달에서도 똑같이 6kg이지요.

그럼 인공위성은 어떨까요? 인공위성 역시 지구로부터 멀어질수록 무게는 적어지지만 질량은 똑같아요. 만약 무중력 상태라면 무게는 '0'이지만 질량에는 변화가 없지요.

무게와 질량의 관계

같은 장소에서 질량이 크면 무게도 무겁습니다. 물체의 무게는 질량에 비례하지요. 지구는 질량이 1kg인 물체를 약 10N의 힘으로 끌어당깁니다. 그래서 질량이 1kg인 물체의 무게는 약 10N이지요. 그럼 질량이 60kg인 사람의 몸무게는 얼마일까요? 바로 약 600N이랍니다.

무게의 단위

일상생활 속에서 쓰는 무게의 단위에는 그램(g), 킬로그램(kg), 톤(t)이 있어요.

1kg = 1000g

1t = 1000kg = 1000000g

지구에서 가장 무거운 동물은?

대왕고래랍니다. 대왕고래의 몸길이는 약 33m이며, 몸무게는 약 180t이라고 해요. 그럼 180t의 무게는 얼마나 될까요? 4t 코끼리 45마리 무게이고, 60kg인 사람 3000명의 무게랍니다.

무게를 다는 기구, 저울

모든 물체에는 무게가 있어요. 물체의 무게는 손으로 들어 보면 대략 짐작할 수 있지만, 저울을 이용하면 정확한 무게를 측정할 수 있어요. 저울은 물체의 무게나 질량을 재는 기구로, 물체의 크기나 질량에 따라 알맞은 저울을 사용해야 해요.

저울의 시작, 양팔 저울

저울은 어느 것이 무겁고 가벼운지 비교하면서 만들어졌어요. 두 물체의 무게를 비교하는 가장 간단한 방법은 두 손에 물건을 들어 보는 방법이에요. 이 방법이 발전해서 양팔 저울이 만들어졌지요.

양팔 저울은 두 물체의 무게를 비교하는 데 편리하게 이용할 수 있어요. 손처럼 양쪽에 접시가 달려서 접시에 물체를 올려놓고 무게나 질량을 비교할 수 있죠. 시소의 원리처럼 무거운 물건이 있는 쪽이 아래로 내려가고 가벼운 물건이 있는 쪽이 위로 올라갑니다.

중심에서의 거리를 정확히 알 수 있는 자가 달려 사람의 손보다 더욱 정확히 비교할 수 있답니다.

양팔 저울의 구조

접시가 오른쪽으로 기울었으므로 오른쪽 물체가 더 무겁다.

양팔이 수평을 이루었으므로 두 물체의 질량은 같다.

무거운 쪽을 중심으로 가깝게, 가벼운 쪽은 중심에서 멀게 하면 수평이 되게 할 수 있다.

윗접시 저울

윗접시 저울은 수평 잡기의 원리로 만든 저울이에요. 한쪽 접시에는 분동을 한쪽 접시에는 물건을 올려놓고 수평을 맞춰 무게를 재지요. 분동은 물체의 무게를 정확하게 재기 위해 표준으로 만든 금속 저울추랍니다.

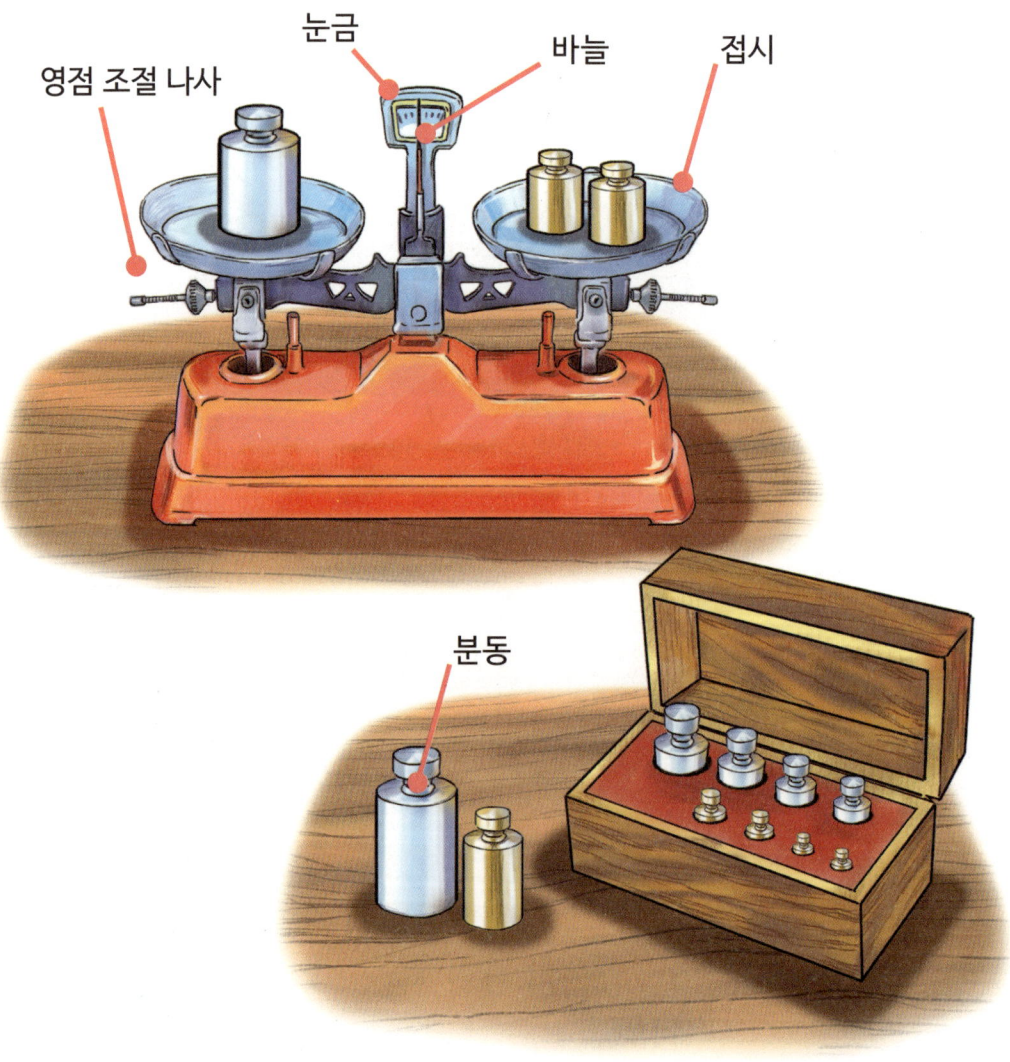

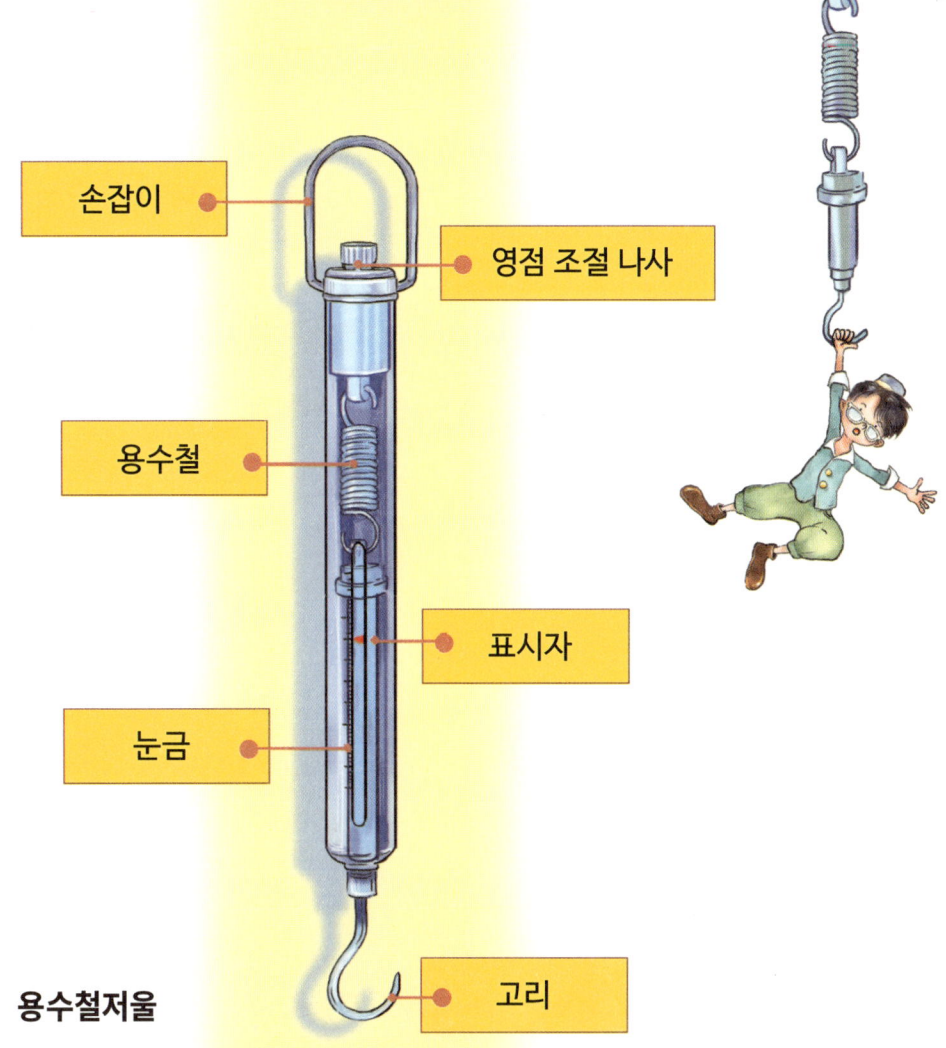

용수철저울

용수철저울은 용수철이 늘어지는 길이를 보고 물체의 무게를 재는 저울이에요. 용수철은 일정한 힘을 주면 늘어났다가 힘을 빼면 원래대로 돌아오는 성질이 있어요. 이때 용수철을 잡아당기는 힘에 비례해서 용수철의 길이가 늘어나므로 물체가 무거울수록 용수철이 더 많이 늘어나요. 바로 이런 성질을 이용해서 물체의 무게를 재는 거지요.

용수철저울에는 질량의 단위인 킬로그램(kg)과 함께 무게의 단위인 N이 표시되어 있어요. 1kg은 10N이지요.

전자저울과 가정용 저울

전자저울은 전자식 장치를 이용해 저울판 위에 올려놓은 상품의 무게와 가격이 숫자로 표시되는 저울이에요. 정육점에서 고기를 살 때나 귀금속의 무게를 잴 때 사용하지요.

전자저울

가정용 저울

가정용 저울은 과일이나 채소의 무게를 잴 때 많이 사용해요.

어느 저울로 재는 게 편리할까?

두 물체의 무게나 질량을 비교할 때는 양팔 저울을 이용하는 것이 편리하고, 가루로 된 물질의 무게나 질량을 잴 때는 윗접시 저울을 이용하는 것이 편리해요. 용수철저울로 물체의 무게를 알 수 있다면, 양팔 저울이나 윗접시 저울로는 물체 고유의 질량을 잴 수 있지요.

국제 킬로그램원기

'국제 킬로그램원기'는 1875년 미터 조약에 따라 결정한 1kg 질량의 표준이 되는 둥근 통 모양의 물체예요. 전 세계가 공통으로 사용하는 질량의 표준으로, 높이와 지름이 모두 39mm입니다. 파리의 국제 도량형국에 보관되어 있어요.

그 밖의 저울들

몸무게를 잴 때 쓰는 저울.

체중계

대저울

저울대에 눈금이 새겨져 있고, 추가 매달려 있는 저울. 접시에 물건을 얹고 추를 움직여 평형을 이루도록 하여 무게를 잼.

매다는 전자저울

매다는 저울과 같은데, 무게가 정밀하게 숫자로 표시되는 저울.

매다는 저울

기중기로 화물을 매달 때 쓰는 간단한 저울.

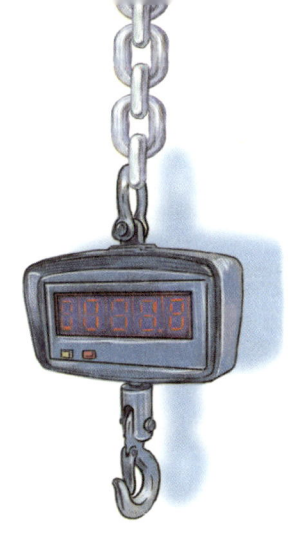

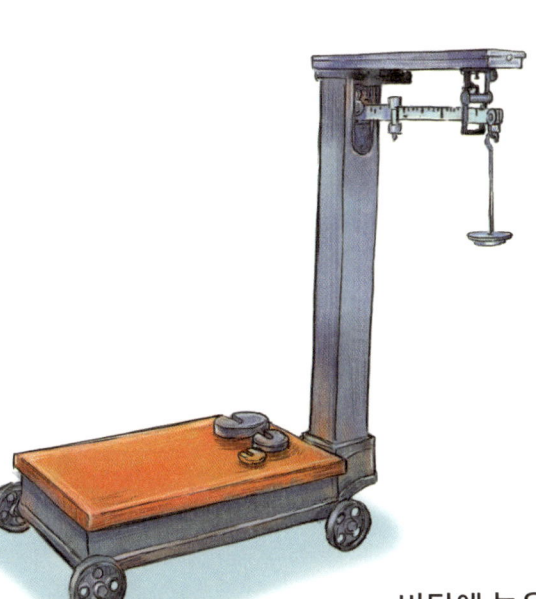

앉은뱅이저울

바닥에 놓은 채 받침판 위에 물건을 올려놓고 위쪽에 있는 저울대에서 저울추로 무게를 다는 저울.

재미있는 저울 이야기

저울의 역사는 아주 오래되었어요. 기원전 4000년 전부터 사용한 것으로 추정되는데, 저울에는 여러 재미있는 이야기들이 전해져 내려온답니다.

의식에 사용되는 저울, 천칭

고대 이집트의 벽화에는 '천칭'이라는 저울이 그려져 있어요. 이 저울은 사람이 죽은 다음에 '심장의 무게'를 재는데, 한쪽에는 죽은 사람의 심장을 올려놓고 다른 한쪽에는 정의의 깃털을 올려놓았다고 해요.

이때 저울이 평형을 이루면 그 심장은 착한 것이고, 그렇지 못하면 악한 것으로 보았답니다. 고대 이집트 인들은 저울을 진실과 정의의 상징으로 보았던 것이지요.

아르키메데스의 원리

고대 그리스 최고의 수학자이자 발명가였던 아르키메데스(B.C. 287~B.C. 212)에게 헤론 왕이 명령했어요.

"새로 만든 이 왕관이 순금으로 만들어졌는지 다른 물질이 섞였는지 알아내도록 하라."

고민에 빠져 지내던 아르키메데스는 어느 날 물이 가득 찬 욕조에 들어갔다가 욕조의 물이 넘쳐흐르는 것을 보고 벌거벗은 채 달려 나와 외쳤어요.

"유레카(알았다)!"

그는 왕궁으로 달려가 커다란 그릇에 물을 가득 붓고 왕관을 넣은 뒤 흘러넘친 물의 양을 쟀어요. 그다음엔 같은 방법으로 왕관과 같은 양의 순금을 넣었을 때 흘러넘친 물의 양을 재었죠. 두 물의 양을 비교해 보니 달랐어요. 왕관에 다른 물질이 섞여 있었던 거죠.

이렇게 하여 '액체나 기체 속에 있는 물체는 그 물체가 차지한 액체나 기체의 부피만큼의 부력을 받는다.'는 아르키메데스의 원리가 발견되었답니다.

생명을 살리는 저울

고려 시대의 보협인석탑에는 저울에 무게를 다는 장면이 새겨진 면이 있어요. 부처님의 전생 이야기를 그린 것인데, 비둘기를 살리기 위해 그 무게에 해당하는 살을 베어 저울에 올려놓지요.

이 그림은 비둘기나 사람이나 모든 생명은 그 크기가 같다는 생명 존중 사상을 보여 주고 있답니다.

저울과 발명

이탈리아의 의사 산토리오 산토리오(1561~1636)는 물리학자이자 철학자인 친구 갈릴레오 갈릴레이(1564~1642)의 영향으로 인체 연구에 몰두했어요.

산토리오는 연구하는 동안 저울이 매달린 작은 방에서 지냈는데, 자기가 먹고 마시는 모든 음식물의 무게를 재고, 심지어는 눈물, 땀, 오줌, 똥의 무게까지 재면서 연구했답니다. 그 결과 임상용 체온계, 맥박계, 습도계 등을 만들 수 있었지요.

6 시간과 속도의 단위

시간과 시간의 단위

"지금 몇 시지?"

우리는 아침에 눈을 뜬 순간부터 시계를 보아요. 시간에 따라 하루를 시작하고 끝마치지요.

시간의 기본 단위는 초(s), 분(min), 시(h)랍니다.

초(s)는 어떻게 정해졌을까?

오늘날의 시간은 메소포타미아의 수메르 인들이 기원전 3500년부터 써왔다고 해요. 수메르 인들은 지구의 자전으로 생기는 하루를 24시간으로 나누어 60등분 한 다음 다시 60등분 하여 1초를 정했어요.

초, 분, 시의 관계

1일 = 24시간

1시간 = 60분

1분 = 60초

1시간 = 60분 = 3600초

1일 = 24시간 = 1440분 = 86400초

1일 = 24 × 60 × 60 = 86400초

여러 시간과 시계

"오늘이 며칠이지?"

하루 24시간이 지나면 새로운 날이 시작됩니다. 시간은 눈에 보이지 않지만, 끊임없이 흘러가지요. 하루가 가고, 일주일이 가고, 한 달이 가고, 1년이 가고, 100년의 세월이 흐릅니다.

일주일은 왜 7일일까?

기독교에서는 하느님이 천지를 창조하는 데 걸린 시간이라고 해요. 하느님은 6일 동안 천지를 창조하고 7일째에 휴식을 취했다고 하지요.

고대 바빌로니아에서는 달이 차고 기우는 것을 기준으로 삼았다고 해요. 초승달 → 반달 → 보름달 → 반달 → 그믐달……. 이런 식으로 거의 7일마다 달의 모양이 바뀌어서 7일을 단위로 삼았다는 거지요.

또 태양계의 별을 기준으로 삼았다는 설도 있어요. 태양계는 지구를 빼고 태양, 달, 수성, 금성, 화성, 목성, 토성 이렇게 7개라는 것이지요.

하지만 정확한 유래는 알 수 없어요.

단위는 아니지만 중요한 기간, 월

월은 하늘에 뜨는 달이 차고 기우는 것을 기준으로 삼았어요. 하지만 월은 단위가 아니랍니다. 단위는 매월의 길이가 같아야 하는데 길이가 다르기 때문이지요.

단위는 아니지만, 월은 우리 생활에서 아주 중요한 기간이에요. 봉급을 받아 생활하는 사람은 달마다 '월급'을 받아요. 전기, 수도, 전화 등 공공요금은 '월'마다 내지요.

해를 세는 단위, 년

1년은 지구가 태양의 주위를 한 바퀴 도는 시간이에요. 태양을 한 바퀴 도는 사이에 지구는 365.2425번 회전합니다. 그래서 본래의 1년은 365일과 5시간 48분 46초 정도랍니다.

시각과 시간의 차이

시각은 "지금은 3시 58분 16초입니다."와 같이 시간의 어느 한 시점을 나타내는 말이에요. 우리는 시계를 보고 그때의 시각을 알지요.

시간은 "내가 공부한 시간은 1시간 20분입니다."와 같이 어떤 시각에서 어떤 시각까지의 사이를 나타내는 말이지요.

시계는 왜 오른쪽으로만 돌까?

시계가 오른쪽으로 도는 이유는 지구 북반구에서 고대 문명과 근대 과학 기술이 싹터 세계로 퍼졌기 때문이에요. 북반구에서는 태양이 동쪽에서 떠 서쪽으로 져요. 남쪽을 보고 서면 왼쪽에서 떠서 오른쪽으로 지는 거예요. 시계의 원형은 해시계인데, 해시계의 그림자가 왼쪽에서 오른쪽으로 돌아갔기 때문에 기계 시계도 그것을 본떠 왼쪽에서 오른쪽으로 돌도록 만들어졌답니다.

만약 남반구에서 문명이 번창했다면 시계 방향은 반대가 되지 않았을까요?

각도와 각도의 단위

각도는 한 점에서 갈리어 나간 두 직선의 벌어진 정도를 말해요. '각의 크기'를 각도라고 하지요. °(도)를 기본 단위로 사용해요.

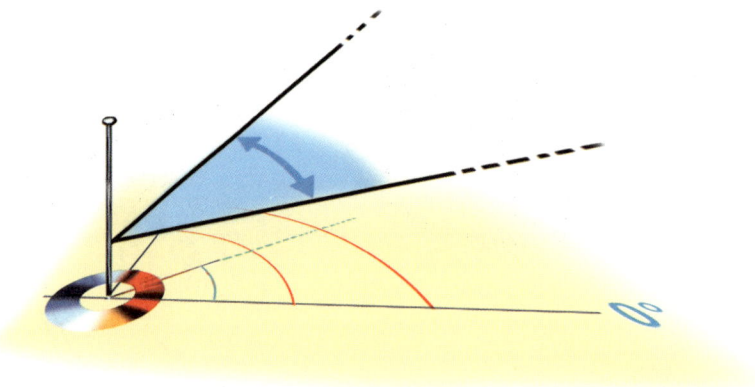

각도의 단위

각도를 나타내는 단위는 1직각과 1도가 있어요. 1직각은 두 직선이 이루는 각이 90°인 곳을 말해요. 1직각을 똑같이 90으로 나눈 하나를 1도라 하고 1°라고 쓰지요. 그럼 90° 두 개로 이루어진 일직선은 무엇일까요? 2직각 180°랍니다.

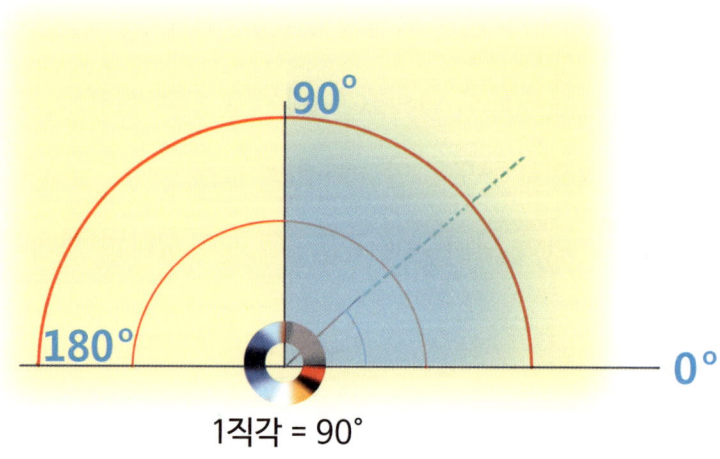

1직각 = 90°

각의 종류

각은 크기에 따라 이름이 달라요.

크기가 직각(90°)보다 작은 각을 '예각'이라고 해요.

0° < 예각 < 90°

크기가 직각보다 크고 180°보다 작은 각을 '둔각'이라고 합니다.

90° < 둔각 < 180°

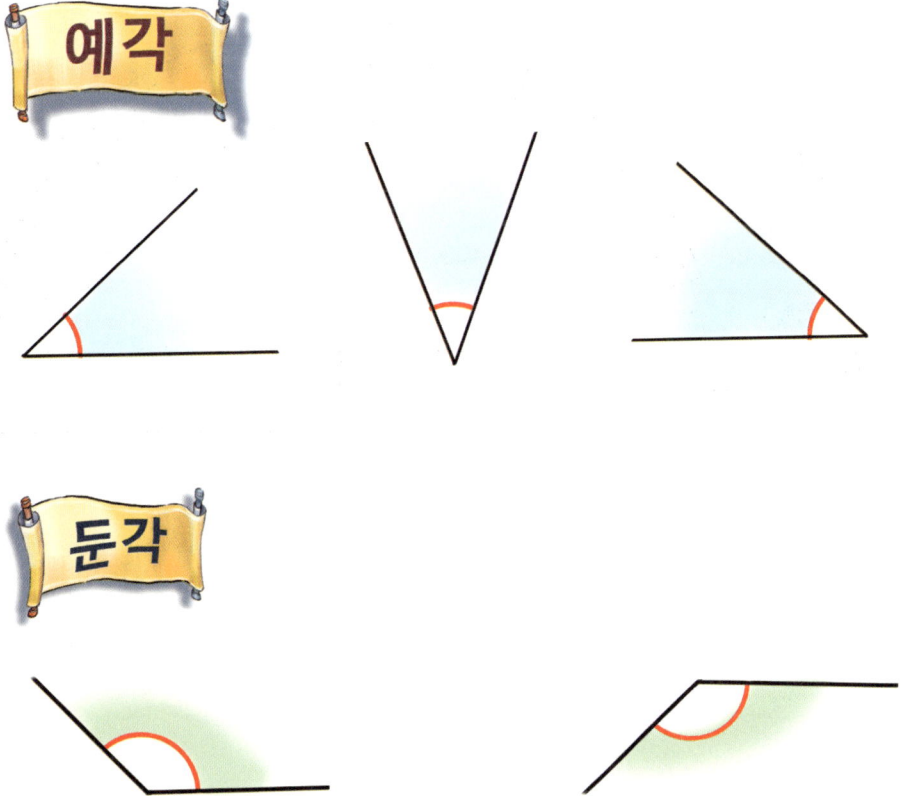

각도 재기와 각도기

각도를 잴 때는 각도기를 사용해요.

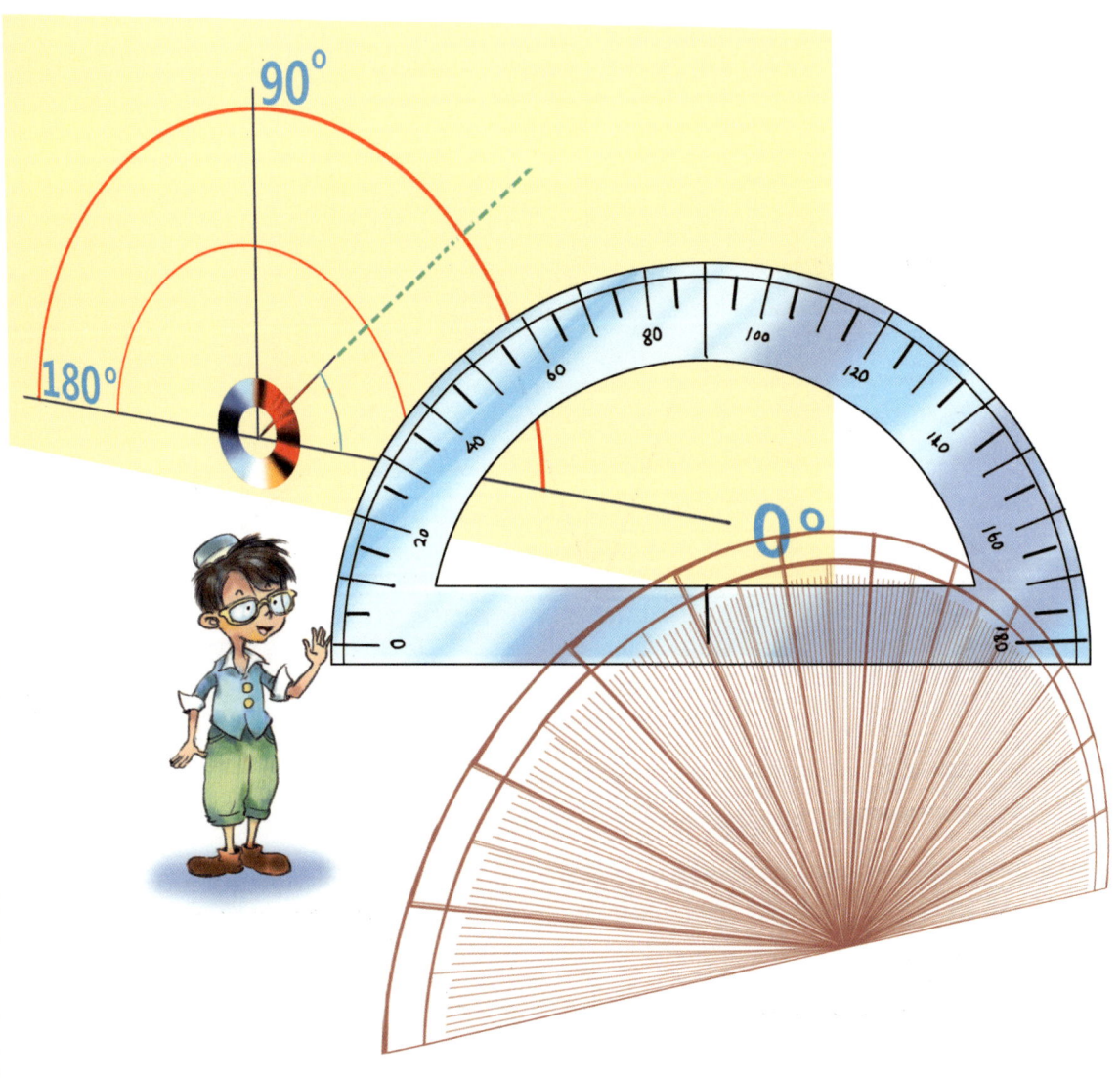

① 각의 꼭짓점을 각도의 중심에 맞춘다.

② 각도기의 밑금을 변에 맞춘다.

③ 각도기의 눈금을 읽는다.

속도와 속도의 단위

"빨리, 빨리, 빨리!"

사람들은 속도를 아주 중요하게 여겨요. 느린 것보다는 빠른 것을 좋아하지요. 올림픽 경기에서도 속도가 빠른 선수를 뽑아 금메달을 줍니다.

속도는 빠르기예요. 1초 동안 몇 미터(m)를 갔는지 계산하지요. 그래서 속도의 단위는 거리를 시간으로 나눈 m/s랍니다. 거리 단위 미터(m)와 시간 단위 초(s)를 이용하여 새로운 속도 단위를 만든 거지요.

바람의 세기를 알려 주는 풍속(m/s)

기상청에서 일기 예보할 때 풍속이라는 말이 나오죠? 풍속은 바람의 빠르기로, 대기가 일정한 시간(1초) 동안 흘러간 거리를 말하며, m/s로 표시해요.

기상청이 알려 주는 바람의 세기

바람 세기	풍속(m/s)	바람의 힘(에너지)
약한 바람	초속 4미터 미만	얼굴에 바람이 느껴지고 나뭇잎이 흔들리며 바람개비가 약하게 움직인다.
약간 강한 바람	초속 4미터~9미터	지하철 열차가 들어올 때 바람 세기 정도이고, 나뭇가지가 흔들린다.
강한 바람	초속 9미터~14미터	바람 때문에 우산을 받칠 수 없을 정도이고, 큰 나무가 흔들린다.
매우 강한 바람	초속 14미터 이상	바람에 모자가 날아가고 몸을 가누기 힘들 정도이며, 나무가 뿌리 뽑히고 건물이 부서질 수 있다.

자동차가 달리는 속도 시속(km/h)

고속 도로를 달리다 보면 '시속 100km/h' 또는 '시속 110km/h'라는 표시를 볼 수 있어요. 시속은 자동차가 한 시간 동안 달린 거리를 말해요.

 온도, 에너지 등 생활 속 단위

온도와 습도의 단위

오늘 날씨는 추운가요, 더운가요? 우리는 기온에 따라 추위를 느끼기도 하고 더위를 느끼기도 해요. 이렇게 춥고 더운 정도를 나타낸 척도가 온도예요. 온도는 따뜻함과 차가움의 정도를 나타내는데 온도계로 측정하지요. 일상생활에서는 섭씨온도(℃)를 쓰고 있어요.

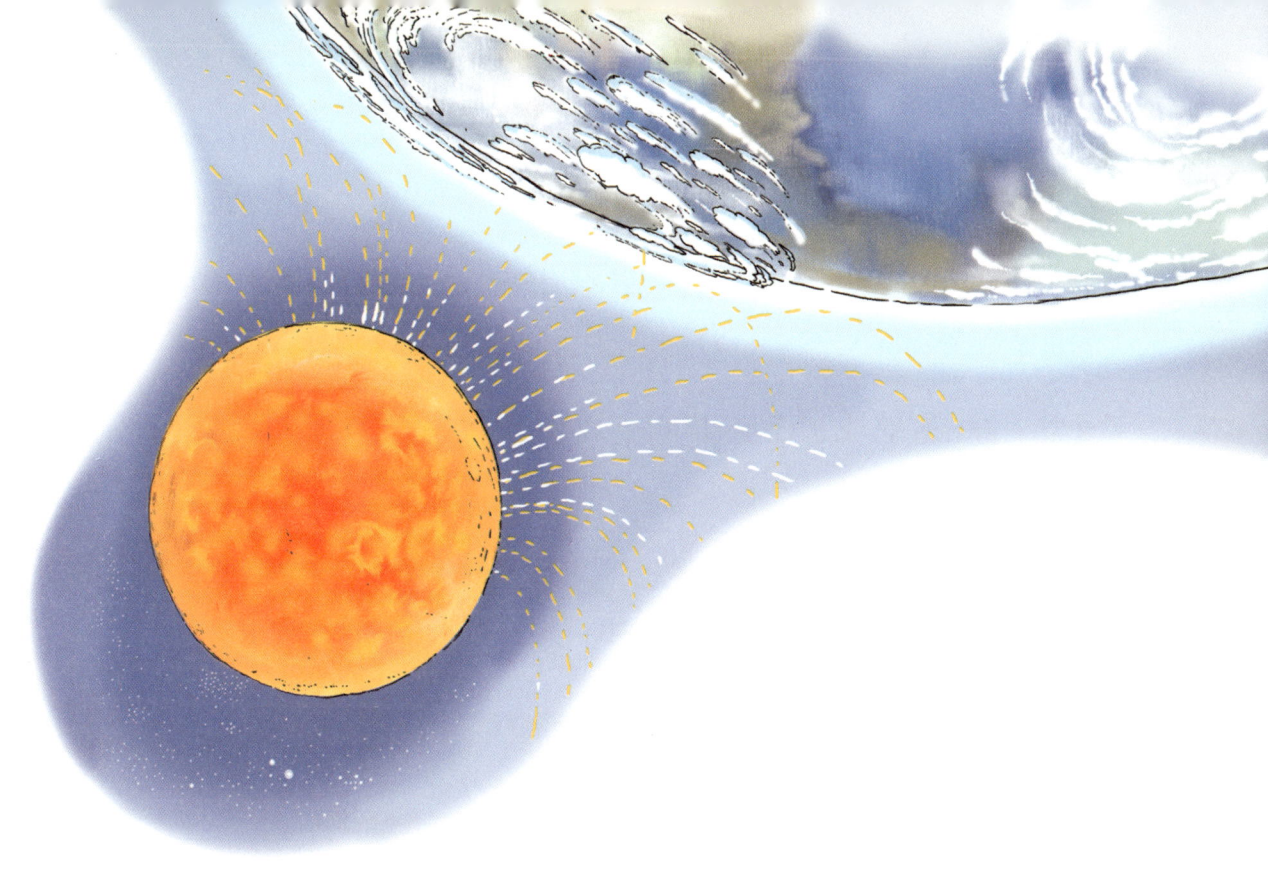

우리를 둘러싸고 있는 대기의 온도, 기온

기온은 우리를 둘러싸고 있는 대기의 온도예요. 태양은 지구 표면을 데워 주고, 데워진 지구 표면은 대기의 온도를 높여 주지요. 기온이 높아지면 따뜻하거나 더워지고, 낮아지면 시원하거나 추워져요.

기온을 정확히 알려면 온도를 측정하면 됩니다.

온도계와 온도계 보는 법

온도계는 가늘고 긴 유리 막대처럼 생겼으며 눈금과 붉은색 기둥이 있어요. 온도계의 눈금을 읽을 때는 20~30cm 떨어진 곳에서 붉은 기둥의 가장 윗부분과 눈금이 일치하는 지점에 눈을 수평으로 맞추고 눈금의 숫자를 읽으면 되지요.

섭씨온도(°C)

섭씨온도는 온도 단위의 하나예요. 얼음의 녹는점을 0°C, 물의 끓는점을 100°C로 하여 그 사이를 100등분 한 단위예요. 스웨덴의 천문학자 안데르스 셀시우스(1701~1744)가 만들었어요. 기호는 °C입니다.

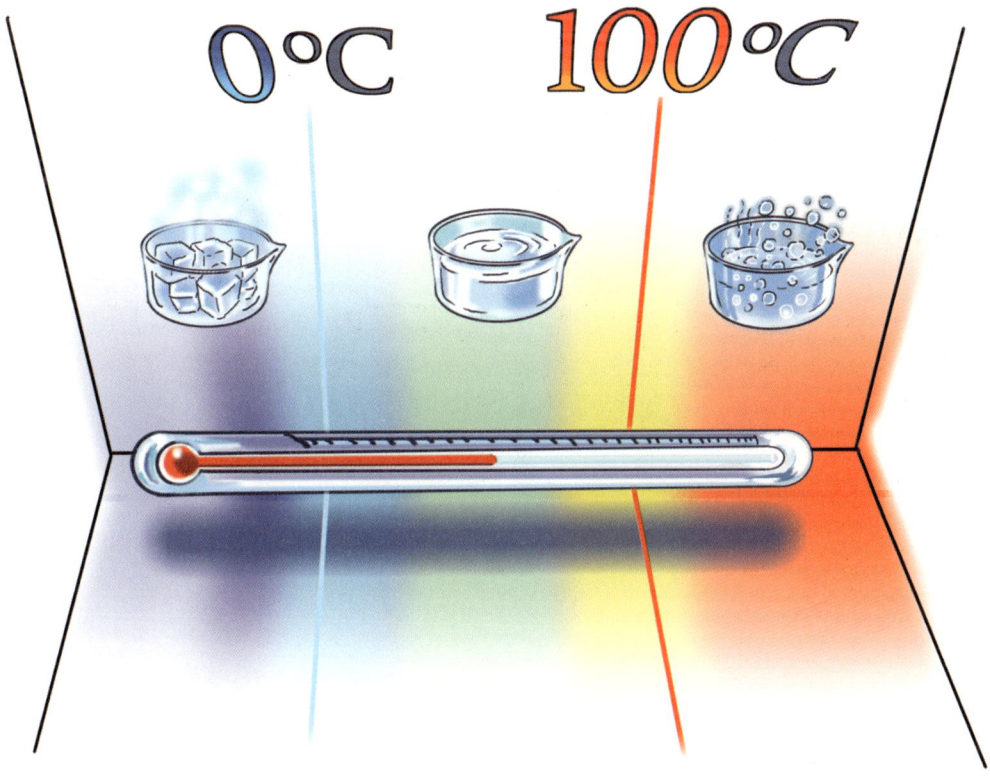

습도와 불쾌지수

습도는 공기 가운데 수증기가 들어 있는 정도예요. 습도가 낮으면 몸에 땀이 쉽게 증발하기 때문에 피부가 뽀송뽀송하게 느껴져요. 하지만 습도가 높으면 수분이 잘 증발하지 않아 피부에 땀이 그대로 맺혀 있어 끈적끈적하지요.

불쾌지수는 무더위에 대하여 몸이 느끼는 쾌(상쾌하고 즐거운 느낌), 불쾌(좋지 않은 느낌)의 정도를 기온과 습도의 관계로 나타내는 지수예요.

사막은 기온이 높아도 습도가 낮아 불쾌지수가 낮아요. 하지만 똑같은 기온에서도 습도가 높으면 훨씬 더 불쾌하지요.
한국에서는 무더운 7~8월에 불쾌지수가 가장 높답니다.

전기·빛·소리 단위

단위는 과학 기술의 출발점이에요. 대부분의 과학 실험은 측정을 통해 결과를 얻어내지요. 단위는 정확한 측정의 기준이며, 과학 기술의 기초랍니다.

전기의 발견

최초로 전기 현상을 발견한 사람은 고대 그리스 철학자 탈레스예요. 탈레스는 기원전 550년쯤에 호박에 작은 물체가 붙는 것을 보고 호박을 문지를 때 정전기가 발생한다는 사실을 발견했어요. 그래서 전기(electricity)는 그리스 어 호박(elektron)에서 유래되었지요.

전류의 단위 암페어

전류는 전기가 얼마나 흐르는가, 일정 시간 동안 전기가 흐르는 양을 수치로 나타낸 거예요. 단위는 암페어(A)지요. 암페어는 전류와 자기장의 관계를 알아낸 프랑스의 물리학자 앙드레 앙페르(1775~1836)의 이름에서 따온 것이랍니다.

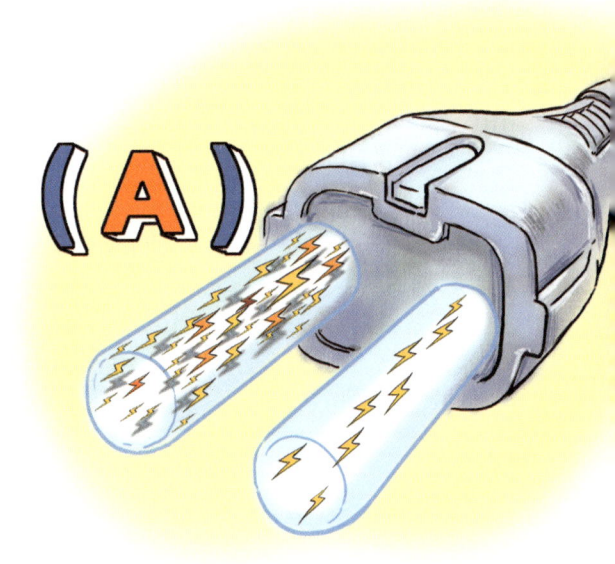

전압의 단위 볼트

전압은 전류가 흐를 때의 힘이에요. 물이 높은 곳에서 낮은 곳으로 흐르는 것처럼 전류도 전압이 높은 곳에서 낮은 곳으로 흘러요.

전압의 단위는 볼트(V)이며, 전기 발전에 크게 공헌한 이탈리아의 물리학자 알레산드로 볼타(1745~1827)의 이름에서 따온 것이랍니다.

소음의 단위 데시벨

"두두두뚜뚜우우……."

공사장에서 나는 시끄러운 소리 들어본 적 있을 거예요. 소리의 세기를 나타내는 단위가 데시벨(dB)이에요. 데시벨은 음압이나 음의 강도를 표현하는 단위로, 전화기를 발명한 알렉산더 벨(1847~1922)의 이름에서 유래했어요.

소리의 종류와 크기

소리의 종류	소리의 크기(dB, 데시벨)
속삭임 (1m 거리)	20
보통의 대화 소리 (1m 거리)	60
록(rock) 그룹 음악 소리	110
귀에 통증을 느끼는 소리	120
로켓 발사 소리 (50m 거리)	200

생활 속 단위

우리는 단위와 함께 살아가고 있어요. 집에서 쓰는 전기, 수도, 가스 등의 요금은 계량기로 측정하여 요금을 내지요. 문방구에서 연필 한 자루를 살 때도 자신이 원하는 굵기를 선택할 수 있어요.

오늘날 우리가 이렇게 안심하고 물건을 사고팔며 편리하게 살아갈 수 있는 것은 모두 단위가 있고 단위에 따라 표준이 정해졌기 때문이에요. 단위를 알면 세상이 보인답니다.

정보량의 단위 비트, 바이트

비트는 컴퓨터가 다루는 정보량의 최소 단위예요. 1비트는 0이나 1의 값을 가질 수 있어요. 스위치의 'on' 'off'처럼 두 가지 중 하나를 특정할 경우의 정보량이지요.

8비트 한 덩어리를 1바이트(B)라고 불러요.

안경 도수의 단위 디옵터

안경을 맞추려고 안과나 안경원에 가면 '디옵터'라는 말을 할 거예요. 디옵터는 렌즈의 굴절력을 나타내는 단위예요. 1디옵터는 초점 거리가 1m인 안경의 도수인데, 안경 렌즈의 초점 거리를 미터 단위로 나타낸 수의 역수랍니다. 볼록 렌즈는 플러스(+), 오목 렌즈는 마이너스(-)로 나타내요.

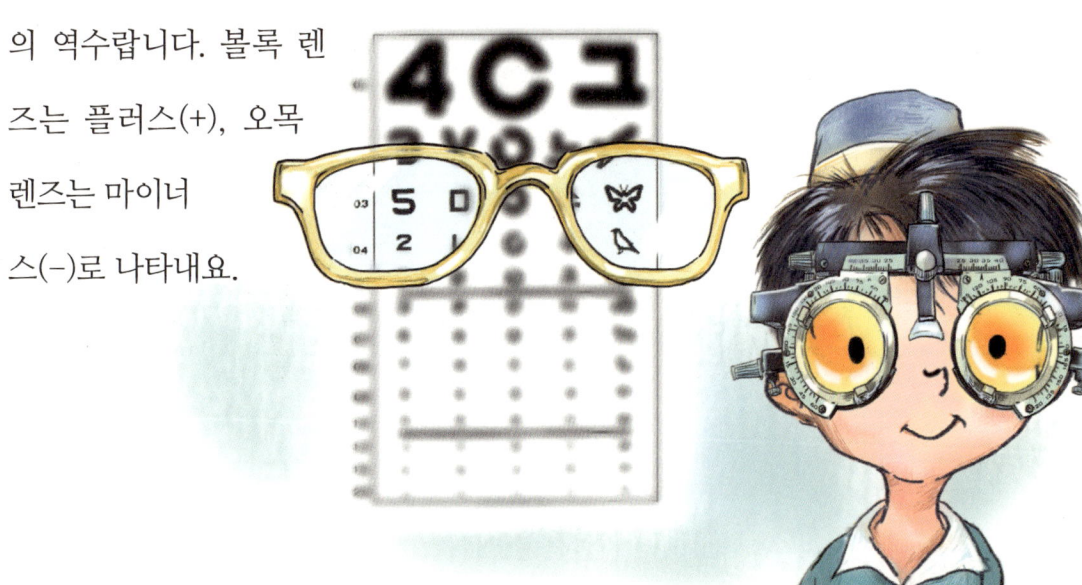

비율을 나타내는 단위 퍼센트

"20퍼센트 세일이요!"

퍼센트라는 말 많이 들어 봤죠? 퍼센트는 어느 수량을 100등분 하여 그중에서 어느 정도인가를 나타낼 때 사용해요. 100등분 하므로 '백분율'이라고도 하지요. 100원짜리 연필을 20% 할인하면 80원에 살 수 있지요.

세는 법을 알아두면 편리해

대상에 따라 세는 방법이 달라서 세는 방법을 알아두면 일상생활에서 편리하게 쓸 수 있어요.

자루 연필, 볼펜
권 책, 공책
마리 고등어, 꽁치 등 생선
켤레 신발, 양말, 장갑
쌍 날개, 부부
대 자동차, 주사, 매
벌 : 옷
채 이불, 아파트, 집
송이 포도, 꽃
포기 배추, 벼
사리 국수, 새끼, 실

생활에서 한 묶음으로 세는 단위

타 물건 12개

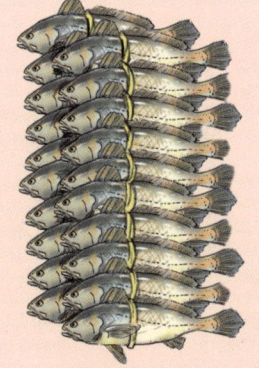

두름 조기, 청어 등 20마리

손 고등어 등 생선 2마리

판 달걀 30개

제 탕약 20첩

첩 한약 1뭉치

접 채소나 과일 100개

생활에서 손을 이용한 물건 세기

줌 한 손에 쥘 만한 양을 세는 단위.
　예 콩나물 한 줌, 콩 한 줌

모 두부나 묵을 세는 단위.
　예 두부 한 모, 도토리묵 한 모

자밤 나물, 양념 등을 손가락 끝으로
집을 만한 양을 세는 단위.
　예 깨소금 한 자밤

단 짚, 땔나무, 채소 등의 묶음을 세는 단위.
　예 배추 한 단, 무 한 단

톨 밤이나 곡식의 낱알을 세는 단위.
　예 밤 한 톨, 볍씨 한 톨

가마 곡식이나 소금 등을 가마니에 담아
그 양을 세는 단위.
　예 쌀 한 가마, 소금 한 가마

계량의 노래

박목월 작사 | 김희조 작곡

1

달아서 주고받고 사고팔며는
생활이 밝아온다 구김살 없이
바르고 정확한 – 계량으로써
헤아려 살펴가며 알차게 살자
누구나 알기 쉬운 미터법으로
명랑하게 웃으며 밝게 살자

❷

눈어림 짐작으로 살아가며는
언제나 뉘우친다 돌아서며는
재보고 달아보는 알찬 손길이
보람찬 우리 생활 이루게 하나
세계가 두루 쓰는 미터법으로
명랑하게 웃으며 밝게 살자

단위 관련 상식 퀴즈

문제를 풀면서 단위의 이모저모를 정리해 보아요.

01 단위는 시간이나 길이, 무게, 부피 등을 정확한 수치로 표현하는데 꼭 필요해요. 단위가 없으면 그 (   )이 얼마큼인지 알 수 없어요.

02 길이·부피·무게, 또는 이를 재고 다는 기구나 그 단위법을 이르는 한자말은 (   )이에요.

03 도량형이 처음 만들어질 때는 (   ) 일부를 기준으로 삼는 경우가 많았어요.

04 우리나라 고유의 단위인 한 줌은 부피의 단위예요. (O, ×)

05 조선 시대 나라에서 내린 기준이 되는 자로, 암행어사가 들고 다닌 자는 (   )이에요.

06 모든 단위의 기초가 되는 단위 이름은 (미터, 피트)예요.

07 길이의 단위인 미터를 기준으로 넓이, 부피, 질량의 단위가 정해졌어요. (O, ×)

08 오늘날 전 세계인이 함께 쓰는 길이의 기본 단위는 (   )예요.

09 넓이의 단위는 (   )와 (   )예요.

10 cc는 부피의 세제곱센티미터를 줄여 쓴 말이에요. (◯, ×)

11 달의 중력은 지구의 1/6이기 때문에 무게도 지구의 (　　　)이에요.

12 무게는 지구가 끌어당기는 힘의 크기이므로 정확하게는 힘의 국제단위인 N(뉴턴)을 사용해야 해요. (◯, ×)

13 두 물체의 무게나 질량을 비교할 때는 (　　　) 저울을 이용하는 것이 편리해요.

14 (　　　)은 수평 잡기 원리로 만든 저울이에요. 한쪽 접시에는 분동을 한쪽 접시에는 물건을 올려놓고 수평을 맞춰 무게를 재지요.

15 "지금은 5시 15분 59초입니다."와 같이 시간의 어느 한 시점을 나타내는 말은 (시간, 시각)이에요.

16 컴퓨터가 다루는 정보량의 최소 단위는 (비트, 바이트)예요.

정답
01 양　**02** 도량형　**03** 신체　**04** ×　**05** 유척　**06** 미터　**07** ◯
08 미터　**09** 제곱미터(㎡), 아르(a)　**10** ◯　**11** 1/6　**12** ◯　**13** 양팔
14 윗접시 저울　**15** 시각　**16** 비트

단위 관련 단어 풀이

질량 장소에 따라 변하지 않는 물체의 고유한 양.
법정 단위 법률로 사용하도록 규정한 측정 단위.
표준 어떤 것을 재는 기준으로, 측정의 기준이 됨.
거래 서로 주고받거나 또는 사고파는 일.
교역 나라와 나라 사이에서 물건을 사고팔고 하여 서로 바꾸는 일.
측정 일정한 양을 기준으로 하여 같은 종류의 다른 양의 크기를 잼. 기계나 장치를 사용하여 재기도 함.
되 곡식, 가루, 액체 따위를 담아 분량을 헤아리는 데 쓰는 사각형 모양의 나무 그릇.
저울추 저울대 한쪽에 걸거나 저울판에 올려놓는, 일정한 무게의 쇠.
석회암 탄산 칼슘을 주성분으로 하는 퇴적암. 시멘트, 석회, 비료 따위의 원료.
세금 국가 또는 지방 공공 단체가 필요한 경비로 사용하기 위하여 국민이나 주민으로부터 강제로 거두어들이는 금전.
홉 부피의 단위. 곡식, 가루, 액체 따위의 부피를 잴 때 씀. 한 홉은 약 180mL.
아름 둘레의 길이를 나타내는 단위. 두 팔을 둥글게 모아 만든 둘레 안에 들 만한 분량을 세는 단위.
삼국 시대 4세기 초에서 7세기 중엽까지 고구려, 백제, 신라의 세

나라가 맞서 있던 시대.

십진법 1, 10, 100, …과 같이 10배마다 새로운 자리로 옮겨가는 기수법.

탐관오리 백성의 재물을 탐내어 빼앗는, 행실이 깨끗하지 못한 관리.

척도 자로 재는 길이의 표준.

자오선 천구(天球)상에서 천정(天頂)과 천저(天底)를 연결하는 커다란 원, 즉 천구의 두 극을 통과하는 원. 시각의 기준이 됨.

미터법 길이는 미터, 무게는 킬로그램, 부피는 리터를 기본 단위로 하는 국제적 단위 체계. 프랑스에서 사용하기 시작하여 세계 공통의 단위로 결정됨.

미터원기 미터 협약에 의하여 1미터의 길이를 나타내도록 만들어진 자.

킬로그램원기 미터 조약에 의하여 그 질량을 1kg이라고 정의한 원기.

열역학적 온도 물질의 특이성에 의존하지 않고 눈금을 정의한 온도. 절대 온도 또는 켈빈 온도라고도 함.

광도 빛살 세기. 일정한 방향에서 물체 전체의 밝기를 나타내는 양.

인치 길이의 단위로, 엄지손가락의 폭 약 2.54cm에 해당함.

단위 관련 단어 풀이

야드파운드법 길이의 단위를 야드, 무게의 단위를 파운드, 부피의 단위를 갤런, 시간의 단위를 초, 온도의 단위를 화씨 온도로 하는 것으로, 미터법이 국제 도량형으로서 승인되기 이전까지 국제적으로 썼음.

스톨 비행기 주익(동체의 좌우로 뻗은 날개)의 양력(揚力)이 급격히 떨어지는 현상. 또는 비행기가 속도를 잃고 그 앞을 위로 든 채 떨어지는 비행 상태.

잔재 과거의 낡은 사고방식이나 생활 양식의 찌꺼기.

접두어 파생어를 만드는 접사로, 어근이나 단어의 앞에 붙어 새로운 단어가 되게 하는 말. '맨손'의 '맨-', '들볶다'의 '들-' 등.

상수 변하지 아니하는 일정한 값을 가진 수나 양.

계량컵 가루나 액체로 된 재료의 양을 재는 데 쓰는 컵.

계량스푼 재료의 양을 정확하게 측정하기 위해 사용하는 스푼.

중력 지구 위의 물체가 지구로부터 받는 힘.

수평 물체가 어느 한쪽으로 기울지 않고 평평한 상태.

미터 조약 1875년에 프랑스 파리에서 미터법 도량형의 제정·보급을 목적으로 체결한 국제 조약.

부력 기체나 액체 속에 있는 물체가 그 물체에 작용하는 압력에 의하여 중력에 반하여 위로 뜨려는 힘.

체온계 체온을 재는 데 쓰는 온도계.

맥박계 맥박의 횟수와 강약을 재는 기계 장치.

습도계 공기 속의 습도를 재는 계기.

자전 천체가 그 자신의 무게중심을 지나는 회전축의 주위를 회전하는 운동.

북반구 적도를 경계로 지구를 둘로 나누었을 때의 북쪽 부분.

남반구 적도를 경계로 지구를 둘로 나누었을 때의 남쪽 부분. 바다와 육지의 비율은 80.9 대 19.1로 북반구에 비하여 바다 면적이 훨씬 넓음.

초속 1초를 단위로 하여 잰 속도. 1초 동안의 진행 거리로 나타냄.

정전기 마찰한 물체가 띠는 이동하지 않는 전기.

계량기 부피, 무게 따위를 재는 기계나 장치.

충청남도 당진에 있는 '한국도량형박물관'에 가면 길이, 무게, 넓이, 부피, 시계, 방위, 전류, 전압, 기압 등을 측량하는 유물들을 볼 수 있어요.